KB186933

大韓帝國官報

第一卷 (上)

1894년, 高宗 31년, 개국 503년

저자 약력

김지연

고려대학교 일어일문학과 졸업
한국외국어대학교 대학원 일본어과 문학석사
고려대학교 대학원 일어일문학과 문학박사
현 한국방송통신대학교 일본학과 전임대우 강의교수

논문
『대한제국 官報에 나타나는 일본한자어에 대하여』
『大韓帝國官報에 나타나는 일본어 어휘와 그 수용실태에 대하여』
『일본한자어의 수용과정으로 고찰한 大統領의 성립』 등

大韓帝國官報 第一卷 (上)
(1894년, 高宗 31년, 개국 503년)

초판인쇄 2017년 03월 27일
초판발행 2017년 04월 07일

편　　자 김지연
발 행 인 윤석현
발 행 처 제이앤씨
책임편집 최인노
등록번호 제7-220호

우편주소 서울시 도봉구 우이천로 353 성주빌딩 3층
대표전화 02) 992 / 3253
전　　송 02) 991 / 1285
홈페이지 http://jncbms.co.kr
전자우편 jncbookhanmail.net

ISBN 979-11-5917-068-3 94060　　정가 17,000원
979-11-5917-067-6 (세트)

大韓帝國官報

第一卷 (上)

1894년, 高宗 31년, 개국 503년

편자 김 지 연

5

大韓帝國官報 解題

• • • •

1. 官報

관보는 정부가 국가 관리와 국민에게 널리 알리고자 하는 사항을 편찬하여 간행하는 국가의 공공 기관지이다. 넓은 의미의 관보는 이러한 목적으로 국가 기관이 공식으로 발행하는 정기 간행물을 통틀어 말하는 것이나 좁은 의미로는 「官報」라는 제호로 발간되는 공식 기관지를 일컫는 것이다. 역사적으로 우리나라의 관보는 다음의 여섯 종류로 분류된다[1].

▎朝報: 1883년 이전

조선초 조정의 藝文春秋館의 사관이 조정의 결정 사항과 견문록 등을 기록하여 각 관청에 돌리던 것이 시초로, 세조 때에는 승정원에서 「朝報」라는 이름으로 불렀다. 그 내용은 국왕의 명령과 지시 사항과 유생들이 국왕에 올리는 상소문, 관리의 임명과 해임 등을 실어서 중앙과 지방 관서와 상류 사회에 배포하던 것으로 1894년 근대적인 관보 출현 전까지 유지되었다.

---

1 정진석(1982) 「官報에 關한 硏究(上)」 『신문과방송』141, 한국언론재단, pp.111-112

▌근대 신문과 조보 공존: 1883-1888

한성순보는 1883년 발간된 한국 최초의 신문이자 관보적 성격을 가진 관영 신문이다. 1886년에 발간된 한성주보도 관에서 발간한 신문으로 그 성격에 있어서는 한성순보와 같았다. 발행처는 국가기관인 博文館이었다. 종래의 朝報와 다른 점은 외국 사정 기사를 실었고 일반 뉴스 기사도 실었다는 점으로, 광고와 물가 정보까지 수록했다는 점이 특이하다. 1886년 1월 25일자 한성주보에 朝報를 참고로 하는 기사가 11건, 1886년 2월 15일자에 2건, 1886년 9월 1일자에 1건의 기사가 게재된 것을 보면 한성순보가 발간되던 시대에도 朝報가 있어서 朝報와 신문이 공존하였던 것으로 보인다.

▌대한제국 관보: 1894-1910

일본의 강요로 추진된 갑오경장 이후 발간된 것으로 1894년 6월 28일 경부터 발행되었으며 의정부 관보국의 주도로 발간되었다. 관보국은 政令과 헌법 各部의 모든 公判과 成案을 반포하는 것이 주요한 임무였으며 1895년 4월 1일부터는 관보 발행이 내각 기록국으로 이관되었다. 발행초기에 순한문체로 쓰여졌던 관보는 1년 뒤(1895) 12월 10일부터 국한문을 혼용하기 시작하였고 이틀 후인 12일과 13일, 그리고 그 이후부터 가끔 官報 전면에 한글만을 전용하여 기사를 작성하기도 하였다. 이와 같은 일은 관보발행사뿐만 아니라 공문서식에서 나타나는 초유의 일로 기록되며 정부가 발행하는 모든 간행물의 국한문혼용 및 한글 사용이 대한제국관보로부터 정착되는 중요한 의미를 갖는다. 1906년 통감부가 설치된 후 1907년부터 1910년까지 일제는 「公報」라는 것을 따로 발간하여 일본의 한국 통치와 관련된 사항(府令, 廳令, 訓令, 告示, 諭示 등)을 일본어로 발간하였다.

조선총독부 관보: 1910–1945

1910년 8월 29일부터 1945년 8월 15일까지 일본이 만 35년 동안 국권을 장악한 동안에 조선총독부가 발간한 관보이다. 문장은 모두 일본어로 작성되었는데 1910년 9월 한달간은 일본어 내용 뒤에 조선어 번역문을 달아 일본어를 이해하지 못하는 사람을 의식하였으나 그 후부터는 조선어 번역문을 점차 줄여나가 전문을 일본어로 발행하였다. 일제 35년간 발행된 관보의 총 호수는 10,450호이고 페이지수는 14만 5백 15페이지에 달한다.

미군정청관보: 1945–1948

1945년 9월부터 1948년 8월까지 한국을 통치하던 미군이 발행한 것으로(총 호수 미상) 국문, 영문, 일문 3 종류로 작성하여 발행하였다. 일본어판 관보는 1946년 2월 일본인들의 퇴거가 완전히 종결된 후까지 계속되었는데 이는 아직 한국에 남아있던 일본인을 배려한 이유 때문으로 보인다.

대한민국 관보: 1948년 정부수립 이후

대한민국 정부수립 후 1948년 9월 1일부터 오늘에 이르기까지 발간되고 있다. 대한민국 정부수립 후의 관보는 헌법을 비롯한 모든 법령의 공포수단으로서의 기능과 정부 공문서로서의 기능을 가지게 되었다. 처음에는 공보실·공보처·공보부가 발행하였으나, 1968년 7월 말부터 총무처 발행으로 되었으며, 1969년 2월 1일부터 체재를 바꾸어 ① 공무원은 반드시 읽어야 하며, ② 관보는 공문서로서의 효력을 가지며, ③ 비치용 관보는 5년 이상 보관하도록 규정하고, 발행자도 대한민국 정부로 격상시켰다. 제1호부터 1963년까지는 세로쓰기를 하였으나 1963년부터 가로쓰기로 바뀌어졌으며 1969년부터는 「官報」라는 제호도 한글 「관보」로 바뀌었다.

2. 大韓帝國官報의 내용과 구성

官報란 정부가 국민들에게 널리 알릴 사항을 편찬하여 간행하는 국가의 公告 機關紙를 말한다. 官報는 그 체제가 법규에 따라야 하므로 구성 체제의 변화가 거의 없으며 내용은 당시의 정치, 사회상 등 시대상을 반영하므로 公文書로서의 효력을 가지고 있다. 大韓帝國官報는 대한제국정부에서 1894년(고종31년 개국503년 甲午) 6월 21일부터 1910년(隆熙4년) 8월 29일에 이르기까지 16년 2개월여에 걸쳐서 발행하였다. 大韓帝國政府의 官報는 약 19,600면에 달하는 방대한 분량의 것인데 號數없이 발행된 1894년 6월 21일자부터 1895년(고종32년 개국504년) 3월 29일자까지가 1,100여면, 號數를 붙여 발행한 1895년 4월 1일자 제1호부터 1910년 8월 29일자 제4,768호까지가 18,400여면이다. 이를 각 연도별로 보면 다음과 같다.

〈표 1〉 大韓帝國官報의 발행과 분량

年度	年號	號數	面數
1894년	高宗 31년, 개국 503년 甲午	6월 21일-12월 30일 (號數없이 발행)	910面
1895년	高宗 32년, 개국 504년 乙未	1월 1일-3월 29일 (號數없이 발행) 제1호(4월 1일) 제213호(11월 15일)	266面 1,165面
1896년	建陽元年 丙申	제214호(1월 4일) 제521호(12월 31일)	857面
1897년	建陽 2년, 光武元年 丁酉	제522호(1월 1일) 제834호(12월 31일)	836面
1898년	光武 2년 戊戌	제835호(1월 1일) 제1,146호(12월 31일)	919面
1899년	光武 3년 乙亥	제1,147호(1월 2일) 제1,458호(12월 30일)	1,066面
1900년	光武 4년 庚子	제1,459호(1월 1일) 제1,771호(12월 31일)	1,288面
1901년	光武 5년 辛丑	제1,772호(1월 1일) 제2,084호(12월 31일)	1,045面
1902년	光武 6년 任寅	제2,085호(1월 1일) 제2,397호(12월 31일)	1,191面
1903년	光武 7년 癸卯	제2,398호(1월 1일) 제2,710호(12월 31일)	1,057面
1904년	光武 8년 甲辰	제2,711호(1월 1일) 제3,024호(12월 31일)	1,207面
1905년	光武 9년 乙巳	제3,025호(1월 2일) 제3,337호(12월 30일)	1,332面
1906년	光武 10년 丙午	제3,338호(1월 1일) 제3,650호(12월 30일)	1,189面
1907년	光武 11년, 隆熙元年 丁未	제3,651호(1월 1일) 제3,961호(12월 28일)	1,255面
1908년	隆熙 2년 戊申	제3,962호(1월 4일) 제4,264호(12월 28일)	1,364面
1909년	隆熙 3년 乙酉	제4,265호(1월 4일) 제4,566호(12월 28일)	1,537面
1910년	隆熙 4년 庚戌	제4,567호(1월 4일) 제4,768호(8월 29일)	1,114面

본래 조선왕조에서는 그 초기부터 官報와 같은 朝報를 발행하여 承政院에서 처결한 詔勅章奏廟堂의 의결사항, 敍任, 辭令, 地方官의 狀啓 등을 보도하여 왔다. 그러므로 1894년 6월 25일 甲午更張의 추진기구인 軍國機務處가 설치된 지 수일 후에 창간된 것으로 짐작되는 대한제국정부의 純漢文體 整理字本 甲午 6월 21일자 이후의 관보는 그 연원을 朝報[2]에서 찾을 수 있으며 사실 그 시기의 官報는 朝報와 거의 비슷한 체재였다. 大韓帝國官報가 朝報의 체재로부터 근대적 관보체재로 개편된 것은 개국 504년 4월 1일자부터이다. 이때부터 號數(제1호) 와 요일을 표시하고 각 기사를 勅令, 閣令, 敍任, 宮廷錄事, 彙報등으로 분류하여 게재하였다. 이보다 좀 앞서서 개국 503년 12월 11일자부터는 國漢文을 혼용하기 시작하였고 개국 504년 6월 1일자 제77호부터는 신식 鉛活字로 인쇄하였다. 한편 紀年은 1894년 6월 21일자는 干支(甲午)를 동년 6월 29일자부터 1895년 11월 15일자 제213호까지는 開國紀年을 사용하고 있으며 1896년 1월 4일자 제214호부터는 양력으로 표기하는 동시에 建陽, 光武, 隆熙 등의 연호를 사용하고 있다. 大韓帝國官報는 정부의 官報局과 官報課에서 발행된 것이다. 創刊號로 짐직되는 甲午 6년 2일자부터 개국 504년 3월 29일자까지는 議政府官報局에서 개국 504년 4월 1일자(제1호)부터 隆熙 4년 8월 29일자(제4,768호)까지는 官報課에서 발행하였다. 官報課는 정부직제의 개편에 따라 內閣記錄局, 議政府總務局, 參書官室, 法制局 등에 소속되었다. 관보에 그 발행처를 內閣記錄局官報課, 內閣法制局官報課로 하고 있는 것은 이와 같은 大韓帝國政府職制 改編에 따른 것이다. 官報課에서는

2 최정태(1993) 총무처정부기록보존소 記錄保存6 「국가기록정책과 관보」

매일 오후 1시까지 각 관청에서 보내온 기사를 마감 정리하여 다음날 官報에 게재하였는데 공휴일에는 발행하지 않았다. 그러나 긴급을 요하는 기사는 마감시간이나 공휴일에도 불구하고 號外를 발행하여 게재하였으며 기사가 폭주하여 일시에 게재하지 못할 경우에는 緩急을 가리어 게재하기도 하고 장편기사는 부록을 발행하거나 數號에 나누어 게재하기도 하였다. 官報에 게재하는 사항은 다음과 같다.

〈표 2〉 官報에 게재하는 사항

1	召勅
2	法律
3	勅令
4	閣令
5	部令
6	布達[3]
7	訓令
8	警務廳·漢城府令 및 告示
9	予算
10	敍任 및 辭令
11	宮廷錄寫(動駕, 動輿, 祭典, 王族事項)
12	彙報-宮廳事項(赴任, 着任-경찰사항), 水災, 火災, (衛生救助), 軍事(행군연습, 병정포상, 軍監發着), 學事(학교, 도서관), 産業(사회, 면허, 박람회, 공진회), 포상사항, 司法(特赦, 사형집행), 雜事(氣像, 測候, 선박난파)
13	外報(공사관, 영사관보고, 외국중요사항)
14	광고(諸관청광고, 役事都給, 買受品광고, 학교생도모집광고, 郵便船출발표, 관보정가표)

3 궁내부에서 발하는 命令

隆熙元年 12월 12일자 제3,947호에 보이는 閣令 제1호 관보편제에 관한 건에 의하면

1) 국가 또는 帝室에 관한 것으로 國務大臣이나 궁내부대신이 副署한 詔勅
2) 협약, 협정, 약속
3) 예산 및 예비금 지출
4) 법률
5) 勅令 또는 宮內府布達
6) 閣令
7) 部令 또는 궁내부령
8) 訓令
9) 告示
10) 敍任과 외국훈장, 紀章의 수령, 패용허가를 포함하는 辭令
11) 행사, 行啓, 謁見, 陪食, 賜宴, 포상, 救恤, 祭祀, 皇族의 動靜, 기타 宮廷의 記事를 포함하는 宮廷錄寫
12) 관청사항(청사의 개폐, 이전, 官吏의 발착, 改名, 사망), 사법, 경찰, 감옥, 學事, 산업, 재정, 교통, 위생, 地方行政雜事 등을 분류하여 수록한 彙報
13) 觀象
14) 광고

등을 수록하게 되었다. 그 후 대한제국정부직제의 개정에 따라 隆熙 2년 3월 30일부터 警視廳令 漢城府令을 동년 12월 26일부터는 道令을 게재하였다. 한편 光武 10년 9월 12일부터는 統監府令류가

게재되었으며 隆熙 2년 8월 21일부터 統監府로부터 위탁받은 사항을 게재하기도 하였다. 이상의 게재사항으로 알 수 있듯이 대한제국관보는 1894년 6월 21일부터 1910년 8월 29일까지의 大韓帝國政府의 法令類는 물론 정치, 행정, 인사, 군사, 외교, 學事, 사법, 경찰, 산업, 재정, 교통, 위생, 기상, 外報 등 각 분야를 골고루 수록하고 있어서 당시의 정치, 경제, 사회, 문화를 연구하는 데 있어 꼭 필요한 자료라 할 수 있다. 특히, 1894년 6월부터 1895년까지의 기사는 甲午更張을 연구하는데 있어서, 1896년부터 1904년까지의 기사는 光武改革을 연구하는데 있어서, 1905년부터 1910년까지의 기사는 軍國主義 일본의 韓國侵奪과 민족의 항쟁을 연구하는데 있어 귀중한 자료이다.[4] 우리나라 최초의 근대적 관보인 大韓帝國官報는 高宗 31년 6월 25일(1894.7.27) 김홍집 內閣에 軍國機務處가 설치되고 甲午更張이 시작되는 시기에 1894년 6월 25일에 議政府官報局에서 발행하였다. '官報'라는 명칭을 처음 사용하고 처음 얼마간은 부정기적으로 발행하였으나 이듬해부터는 號數와 발행일을 표시하여 매일 발행하였으며 수록내용도 법규로 규정하여 관청의 공식 전달사항만 게재하였다. 관보발행의 배경을 보면 甲午更張에 의하여 모든 정치와 행정의 구심점이 왕실에서 內閣으로 옮겨짐에 따라 承政院이 궁내부에 부속되고 명칭도 承宣院으로 바뀌었다. 따라서 議政府에 官報局을 설치하여 새로운 체제로 관보를 발행하였으며 이에 따라 朝報의 발행은 중지되었다. 이것은 王政이 후퇴하고 내각정치가 이루어진 제도개혁의 영향 때문으로 볼 수 있다.[5] 發行初期부터 純漢文體로 쓰여졌던 관보는 1년 뒤(1895) 12월 10일부터 國漢文을

4 아세아문화사 편집실(1973) 舊韓國官報

5 최정태(1993) 총무처정부기록보존소 記錄保存6「국가기록정책과 관보」

혼용하기 시작하였고 이틀 후인 12일과 13일, 그리고 그 이후부터 가끔 관보 전면에 한글만을 전용하여 기사를 작성하기도 하였다. 이와 같은 일은 官報發行史뿐만 아니라 公文書式에서 나타나는 초유의 일로 기록되며 정부가 발행하는 모든 간행물의 國漢文混用 및 한글사용이 大韓帝國官報로부터 정착되는 중요한 의미를 갖는다.

3. 大韓帝國官報의 언어 자료로서의 자료성

대한제국 관보는 1894년 6월 21일부터 1910년 8월 29일까지 약 16년 2개월 동안 정부가 발행한 문서로서 여러 가지 자료적 가치를 가진다. 관보에는 이들 기간 동안 작성된 법령류가 거의 모두 수록되어 있고 매일 매일 당시 한국의 정치, 행정, 인사, 군사, 외교, 교육, 사법, 경찰, 산업, 재정, 교통, 위생, 기상, 외국 사정 등이 골고루 수록되어 있어 당시의 정치, 경제, 사회, 문화를 연구하는데 있어 꼭 필요한 자료라고 할 수 있다. 大韓帝國官報의 언어 자료로서의 중요성은 여러 가지가 있으나 우선 들을 수 있는 것은 大韓帝國官報가 근대 한글 문체 성립을 연구하는데 중요한 자료라는 것이다. 주지하는 바와 같이 大韓帝國官報이전의 공문서는 모두가 한문체였으나 大韓帝國官報에서 국한문체를 사용하게 됨으로써 관보는 국한문체를 확립 정착시키는데 기여하였다는 점이다. 공용문의 한글 문장화 결정에 대해서는 고종실록 32권 36책(1894년 11월 21일자)에 보이며[6] 이에 대한 실록의 기사는 아래와 같다.

---

6 조선왕조실록 공식 홈페이지실록 공식 홈페이지에 의함. http://sillok.history.go.kr/main/main.jsp

勅令第一號: 朕裁可公文式制, 使之頒布, 從前公文頒布例規, 自本日廢止, 承宣 院、公事廳, 竝罷之。第二號: 朕當御正殿視事, 惟爾臣工勖哉。條例由議政府議 定 以入。第三號: 朕以冬至日, 率百官當詣太廟, 誓告我獨立釐正事由, 次日當 詣太社。
(중략)

公文式: 第一。公文式: 第一條: 法律、勅令, 以上諭公布之。第二條: 法律、勅令, 自議政府起草, 又或各衙門大臣具案提出于議政府, 經政府會議擬定後, 自 總理大臣上奏而請聖裁(중략) 第十四條: 法律、勅令, 總以國文爲本, 漢文附譯, 或混用國漢文。第二 布告: 第十五條: 凡係法律、勅令, 以官報布告之。其施行 期限, 依各法律、命令之所定。(이하생략)

위에서 본 바와 같이 관보는 처음에는 순한문체로 작성되다가 위의 1894년 11월 21일자 칙령에 의하여 한글로 작성하는 것을 원칙으로 한 것이다. 이 칙령에 따라 국한문으로 작성된 기사는 다음의 1894년 12월 10일자 기사부터이다.

官報 開國五百三年十二月初十日
(중략)
私罪收贖追奪告身三等功減一等南原前府使尹秉觀受由歸家軍器見失難逭當勘以 此照律事 允下矣謹據律文杖一百公罪收贖奉 旨依允又奏凡係大小罪犯中如賊 盜??干犯詐僞等罪之從前以笞杖徒流擬斷者皆以懲役分等科治恐合時宜而條例細則謹當鱗 次奏聞奉 旨依允0答外務協辦李完用疏曰省疏具 悉膠守常制不念時艱 屢疏籲懇臣分不當如是卽爲肅 命完伯電報

本月初九日全琫準生擒押上

十一日

都憲朴容大上疏大槩職既虛?病又難强敢陳披?之悃冀蒙遞改之 恩事

勅令 朕裁可巡檢徵罰例使之施行(總理大臣內務大臣 法務大臣奉 勅)

巡檢의徵罰ᄒᆞᄂᆞᆫ例

第一條巡檢職務上의遇失은警務使가徵罰ᄒᆞᄂᆞᆫ法을行ᄒᆞ미라

第二條徵罰ᄒᆞᄂᆞᆫ法을 分別ᄒᆞ야四種으로 區定ᄒᆞ미라

一譴責

二罰金

三降級

四免職

第三條譴責은 警務使가譴責書를 付與ᄒᆞ며罰金은少ᄒᆞ야도月俸百分의一에셔不 減ᄒᆞ고多ᄒᆞ야도一月俸에셔不加ᄒᆞᆫ金額으로其等을分ᄒᆞ며降級은一級에一 元俸을減ᄒᆞ므로定ᄒᆞ며免職은二年間을經過아니ᄒᆞᆫ則다시收用ᄒᆞ지못ᄒᆞ미 라

第四條左의諸件을犯ᄒᆞᆫ者ᄂᆞᆫ免職ᄒᆞ며其罪狀이重大ᄒᆞ야刑律을犯ᄒᆞᄂᆞᆫ者ᄂᆞᆫ刑罰을 施ᄒᆞ미라

一職務上에關係ᄒᆞ야私ᄉᆞ로히他人의贈遺를受ᄒᆞᄂᆞᆫ者

二上官의命令을奉行아니ᄒᆞ고他人의指使를受ᄒᆞᄂᆞᆫ者

三職務에係關ᄒᆞ야私ᄉᆞ로히他人의請托을受ᄒᆞᄂᆞᆫ者

다음 기사는 한문 기사와 국한문이 혼용된 기사가 같은 날에 나온 예로서 관보 기사가 한문에서 국한문으로 넘어가는 형태이다. 1894년 12월 12일 기사는 동일한 내용을 순한문과 국한문혼용문, 순한글문 등 세 가지로 작성하였다.

<한문기사>

大君主 展謁 宗廟誓告文

維開國五百三年十二月十二日敢昭告于

皇祖列聖之靈惟朕小子粤自中年嗣守我

祖宗丕丕基흘今三十有一載惟敬畏于天亦惟我

祖宗時式時依屢遭多難不荒墜厥緖朕小子其敢曰克享天心亶由我

祖宗眷顧騭佑惟皇我

祖肇造我王家啓我後人歷有五百三年逮朕之世時運

丕變人文開暢友邦謀忠廷議協同惟自主獨立迺厥

鞏固我國家朕小子曷敢不奉若天時以保我

祖宗遺業曷敢不奮發淬勵以增光我前人烈繼時自今(이하 생략)

<한글번역문>

대군쥬게셔 죵묘에젼알ᄒᆞ시고밍셔ᄒᆞ야고ᄒᆞ신글월

유ᄀᆡ국오ᄇᆡᆨ삼년십이월십이일에밝히

황됴렬셩의신령에고ᄒᆞ노니짐소ᄌᆞ가

됴죵의큰긔업을니어직힌지셜흔한ᄒᆡ에오작하ᄂᆞᆯ을

공경ᄒᆞ고두려ᄒᆞ며ᄯᅩ한오쟉우리

됴죵을이법바드며이의지ᄒᆞ야쟈죠큰어려움을당ᄒᆞ

나그긔업은거칠게바리지아니ᄒᆞ니짐소ᄌᆞ가그감

히ᄀᆞᆯᄋᆞᄃᆡ능히하ᄂᆞᆯ마ᄋᆞᆷ에누림이라ᄒᆞ리오진실로
우리됴죵이도라보시고도으심을말미ᄋᆞᆷ이니오쟈크오신
(이하 생략)

<국한문혼용문>
大君主게셔 宗廟에 展謁ᄒᆞ시고誓告ᄒᆞ신文
維開國五百三年十二月十二日에敢히
皇祖列聖의靈에昭告ᄒᆞ노니朕小子가이에冲年으로
븟터我 祖宗의丕丕ᄒᆞᆫ基를嗣守ᄒᆞ야惟天을敬畏ᄒᆞ
며亦惟我 祖宗을時式ᄒᆞ며時依ᄒᆞ야多難을屢遭ᄒᆞ
나厥緖을荒墜치아니호니朕小子가其敢히曰호ᄃᆡ天
心에克享ᄒᆞ다ᄒᆞ리오惟皇ᄒᆞ신我祖게셔我王家를肇
造ᄒᆞᄉᆞ我後人을啓ᄒᆞᄉᆞ歷ᄒᆞ야五百三年이有ᄒᆞ더니
朕의世에逮ᄒᆞ야時運이丕變ᄒᆞ고人文이開暢ᄒᆞᆫ지라
友邦이忠을謀ᄒᆞ고廷議가協同ᄒᆞ니惟自主獨立이迺
厥我國家를鞏固케ᄒᆞᆯ지라朕小子가엇지敢히天時를
(이하생략)

이 기사로 대한제국관보는 한문 문장에서 국한문체가 어떠한 방법으로 이행되었는지를 연구하는 데 매우 중요한 자료라고 볼 수 있다. 또한 언어 자료로서의 중요성은 근대 한국어 어휘 자료의 보고라는 점이다. 관보는 앞에서도 언급하였지만 근대 한국의 정치 경제 학술 법률 교육 문화 각종 제도 등 다양한 내용이 기재되어 있으므로 그에 수록된 어휘도 매우 다양하다. 이들 어휘 중에는 이미 한국어에 존재해 있던 것이 있는가 하면 「國旗」나 「官報」, 「科學」,

「哲學」, 「社會」, 「郵便」, 「保險」 등과 같이 종래의 한국어에 존재하지도 않았고 당시 사람들이 이해하기 어려운 사물이나 개념도 다수였다. 이것은 관보 작성자들 중에는 일본 유학생 출신이 많은 수를 차지하여 각종 법률이나 규정을 일본 것을 참고하거나 모방하게 되었을 것이다.[7] 또한 관보의 발행에는 일본인 고문의 지도 감독을 받았다는 점도 일본 용어 유입의 중요한 요소이다. 갑오개혁을 실천하는 데는 일본 측과의 특약으로 전 분야에 일본인 고문관의 지도 감독을 받도록 되어 있었고 이에 따라 47명의 일본인 고문관이 초빙되어 각 부서에 배치되었던 것이다[8]. 관보 작성을 위하여 초빙된 일본인 고문은 恒屋盛服과 加藤武 두 사람이었는데[9] 이들은 대한제국 내각의 관보국에 소속되어 관보의 발행에 깊숙이 관여하였다. 이들이 모델로 삼은 관보의 형태와 구성 등은 일본의 관보이다. 일본은 이미 1883년부터 관보를 발행하고 있어서 대한제국 관보를 발행하는데 참고가 되었을 것이다. 『한말근대법령자료집 I』(국회도서관, 1971)에 의하면 당시 초빙된 일본인 고문관의 역할을 다음과 같이 규정하고 있어 관보에 관여한 일본인 고문관이 어떠한 역할을 했는지 짐작할 수 있다.

> 五十三 內閣 各部 其他 各廳에셔 閣令 部令 廳令 訓令 등을 發ᄒᆞ며 指 令을 下ᄒᆞᆯ 時ᄂᆞᆫ 其辨理案을 協辦(內閣에셔ᄂᆞᆫ 其聽長官)에 提出ᄒᆞ기 前에 반 다시 各其 顧問官의 査閱을 供 ᄒᆞᆯ 事
>
> 五十四 前項外에 內閣 各部 其他各廳에셔 接受 發送ᄒᆞ는 公

7 관보의 기사와 형식에 대해서는 최정태(1992) 『한국의 관보』 아세아문화사등을 참조할 것

8 왕종현(2003) 『한국근대국가의 형성과 갑오개혁』 역사비평사, pp.186-193에 의함

9 왕종현(2003) 의 앞에 책 pp.190에 의함

文書類는 一切各其顧問官의 査閱을 供 홀 事

위의 규정에 의하면 관보 작성과 발행에는 일본인 고문관이 전 문서를 사전에 읽고 의견을 표명했을 것으로 생각되며 이러한 과정에서 각종 용어와 새로운 어휘가 일본어에서 도입되었을 것으로 생각하고 있다.

갑오개혁기 행정부서의 전면적인 개혁에 따라 '고문관'이라는 공식 직책이 신설되어 각 부서에 고문관과 보좌관이 배치되었고, 고문관 고빙과 권한에 대한 각종 법령들이 선포되었던 때였다. 갑오 이전까지 조선 관료제도에 편입되어 조선 정부의 관리로 직책을 받고 업무를 수행했던 고문관들은, 정부의 외국인 고문관들을 정규 관리로 임명하지 않는다는 내규에 따라,[10] '고문관'이라는 한시적 직책을 부여받고 각 부서에서 일을 맡게 되었다. 이리하여 고문관은 정부의 관료제라는 틀 밖에서 대신 및 정부 각 부의 장(長)들을 보좌하는 한시적 외국인 관리로 규정되었고 각각의 고문관들은 개별 고빙 계약서를 통해 자신의 직책이나 직무, 권한 등을 부여받았다. 이러한 일련의 변화들은 개혁정국에 고문관들의 지식과 기술을 본격 활용한다는 목적에 기인한 것이 아니었다. 그보다 일본의 조선 보호국화라는 목표하에 조선의 권력·통치기구를 일본의 식민지정책을 수행하는 데 용이하게 재편하려는 목적으로 일본인 고문관들을 대거 배치시키려던 의도에서 기인하였다.

일본은 1894년 7월 경복궁을 점령한 후, 다음과 같이 정부 각 부서에 외국인 고문관을 배치할 수 있는 의안을 통과시켰다. 그 후 조

---

10 『주한일본공사관기록』 권4(140) '강본류지조의 군무협판 추천과 관련한 사정보고', 1894. 9. 17(이하 『공사관기록』으로 칭함)

선 측이 이를 시행하지 않자, 수차례에 걸쳐 이를 시행할 것을 요청하고, 구체적인 초청인원 수를 정하여 고용하도록 요구했다. 여기서의 외국인 고문관은 일본인 고문관을 의미했다.

<1894년도 各府・衙門에 外國人 顧問을 두는 議案>

一. 各府・衙門에 각각 外國雇員 1人을 두어 顧問케 한다.[11]

一. 各府・衙門의 事務는 모두 새로운 것이어서 외국인 고문의 자문을 받아야 하므로 고용을 늦출 수 없으니 속히 外務衙門에 命하여 각기 초빙할 것.[12]

一. 各府・衙門에서 고용하는 사람의 數를 卽日로 議定하여 外務衙門으로 하여금 6月 초 6日 啓下 議案에 의하여 초청토록 할 것.[13]

이상과 같은 영에 따라 일본은 각부・아문에 고문관과 보좌관을 배치할 수 있는 법적 근거를 마련하였다.

고문관 고빙절차도 변화하였다. 갑오 이전 교섭아문에서 고문관의 이력서를 검토하여 고문관을 선정한 후 고종의 재가를 거치게 되는 절차가, 갑오기에는 해당 아문 대신과 협판이 판리하여 총리대신의 인가를 받아 시행하는 것으로 바뀌었다. 1895년에는 각부대신과 외부대신이 선정하여 내각의 인가를 받는 것으로 개정되었다.[14] 이는 일본이 총리와 내각을 통해 일본인 고문관을 자유롭게

11 송병기 편, 1970『한말근대법령자료집』, 국회도서관(이하『법령자료집』으로 칭함) 議案 '各府・衙門에 외국인고문을 두는 件', 1894. 7. 15

12 서울대 도서관 편, 1991『議案・勅令』上,「議案」8월 8일, 53쪽

13 서울대 도서관 편, 1991『議案・勅令』上,「議案」8월 22일, 57쪽

14『고종실록』권31, 8월 28일 ; 서울대 규장각 편,『奏本・議奏』1, 1895. 5. 29, 562쪽

임용하려는 의도에서 비롯된 것으로 보인다.

<1894년 · 1895년도 고문관의 고빙절차>
고문관 추천 → 主務대신 선정 → 總理認准 (1894년)
고문관 추천 → 主務대신 선정 → 外部대신 동의
→ 內閣認准 (1895년)

<1896년도 고문관의 고빙절차>
고문관 추천 → 主務대신 선정 → 외부대신 동의
→ 의정부 회의 認准 → 고종의 재가

또한 일본은 조선 정부에서 고문관 선빙과 여비 · 봉급을 작정하는 것을 위임받아[15] 자국 정부 관리들을 조선 고문관으로 파견할 수 있게 되었다. 조선에 파견된 일본인 고문관들은 일본 정부 관리로서, 대장성에서 지급하는 여행경비와 봉급 일부를 지급받고 일정 기간 파견근무를 한 후 귀국하면 다시 임용이 보장되는 사람들이었다.[16]

이리하여 1894년 12월부터 1895년 4월경까지 일본은 41명의 일본인 고문관들과 보좌관들을 각 부서에 배치하였다. <표 3>에서 보듯이 외부, 궁내부와 해관을 제외한 부서들과 산하 기관은 모두 일

"一. 무릇 外務衙門은 외국교섭의 중요한 사건을 담당하며 雇聘 등과 같은 계약을 체결할 때는 해당 아문대신과 협판이 辦理하여 총리대신의 인가를 받아 시행할 것.
一. 外國人延聘及訂約時 外部로 知照하여 主任과 함께 閣議提出件 決定事"

15 『日案』 권3 #1371, 一. 政府各衙顧問의 選聘과 同旅費 · 俸給酌定依賴 건, 76쪽

16 『공사관기록』 권7, 3-(36) 기밀 89호, '益田造幣局技手 여비지급 건', 1895. 9. 30, 67쪽 ; 권7, 3-(34) 機密 84호, 1895. 9. 2, 66쪽 ; 권4 #49, '淺山의 외무성 고용임명 통보', 269쪽

본인 고문관들과 행정인들이 업무를 장악하고 일본 공사와의 긴밀한 협조와 훈령 및 정보교환을 통해 조선 정부 내의 정치세력 개편 및 개혁을 주도하였으며

1895년 3월 다음과 같은 법령을 통하여 고문관들의 권한이 법제화되었다.

> 一. 內閣, 各部 기타 各廳에서 閣令·部令·廳令·訓令 등을 發하며 指令을 내릴 時는 其 辦理案을 協辦(내각에서는 總書, 廳에서는 그 廳長官)에 제출하기 전에 반드시 각기 고문관의 査閱에 拱할 것.[17]
> 一. 前項外에 內閣 各部 其他各廳에서 接受 發送하는 공문서류는 일절 각기 고문관의 査閱에 供할 것.[18]
> 一. 각 고문관은 내각회의에서 각기 主務에 屬하는 案件의 회의에 當하야 辯說하는 필요가 있을 때에는 참석하여 의견을 진술할 것.[19]

이로써 일본인 고문관들은 대신에 비견되는 실질적인 권력을 부여받았다. 즉 고문관들은 각 부서의 모든 공문서와 훈령들을 사전에 사열을 받고 시행함으로써 그 부서들을 실질적으로 장악하고 행정의 실세로 등장할 수 있었다. 또한 내각회의에 참석할 수 있게 됨

---

17 『법령자료집』 1, 奏本 '閣令·部令·廳令·訓令·指令을 고문관의 査閱에 拱하는 件', 1895. 3. 29

18 『법령자료집』 1, 奏本 '內閣·各部·各廳에서 接受·發送하는 서류를 고문관이 査閱케 하는 件', 1895. 3. 29

19 『법령자료집』 1, 奏本 '고문관이 內閣會議에 참석하여 의견을 진술할 수 있게 하는 件', 1895. 3. 29

으로써 국가 권력의 핵심에서 각종 정책결정 과정에 영향력을 행사할 수 있게 되어 명실상부한 고문관 정치시대의 법적 기반을 갖추었다.

1894년 9월 김윤식 외무대신은 "일본 정부가 고종에게 외국인 고문관을 배치하도록 압력을 가하는데 여기서 외국인 고문관이란 일본인을 의미하고 있다"고 전하면서 "영국 영사에게 항의할 것"을 비밀리 요청했다. 이로 인해 영·미·러·독·프 영사들은 모두 일국에 편중된 고문관은 우호와 최혜국 조관에 위배된다는 항의서를 조선 외부로 발송했고 이를 근거로 김윤식은 일본인 고문관 고빙을 지연 내지 거부하는 구실로 삼으면서 서양인의 고용을 주장할 수 있었다.[20]

〈표 3〉 갑오기 정부 고문관 명단 (1894~1895)

이름	국적	부서명	고빙기간	출전
石塚英藏	일	내각고문	1894. 12~1895. 8	공사관기록
岡本柳之助	일	궁내부/군부 고문	1894. 12, 1895. 2	공사관기록
C. LeGendre	미	궁내부고문	1895. 7~1899. 9	공사관기록
서재필	미	중추원고문	1895. 5~1897. 12	공사관기록
齊藤修一郎	일	내부고문	1895~	공사관기록
太庭寬一	일	내부고문	1895. 5~	공사관기록
澁谷加藤次	일	고문보좌관/내부고문	1895~	공사관기록
仁尾惟茂	일	탁지부 고문	1895. 1~1896. 2	공사관기록
McLeavy Brown	영	탁지부 고문	1894. 10~1897. 12	영미외교자료집
C. Greathouse	미	외부고문	1894. 12~1899. 10	공사관기록
吉松豊作	일	법부고문	1895~	공사관기록
星亨	일	법부고문	1895. 4~	공사관기록

20 박일근 편집, 1981 *Anglo-American and Chinese Diplomatic Materials Relating to Korea* II, 신문당, Inclosure 1, 2 in No. 231, 1894. 9. 8, 1894. 9. 6; Inclosure 5 in No. 420, 1894. 9. 6;『공사관기록』권5 (12) 기밀 제193호 본116, '정치고문관 초빙의 건', 56쪽

이름	국적	부서명	고빙기간	출전
野澤鷄一	일	법부고문	1896. 2～1897. 1	고문서 奎4228
山田雪助	일	농상공부고문	1895. 5～1897. 5	공사관기록
長谷川義之介	일	농상공부고문	1895. 5～	공사관기록
楠瀨辛彦	일	군부고문	1895. 2～	공사관기록
武久克造	일	경무청고문	1894. 12～1896. 2	공사관기록
永島某	일	학부고문	1895. 5～	공사관기록
賴脇壽雄	일	내부고문	1895～1896. 3	『日案』5, # 6332
栗林彦	일	군부보좌관	1895～	공사관기록
野野村金五郞	일	학부보좌관	1895～	공사관기록
加藤格昌	일	학부보좌관	1895～	공사관기록
木村綱太郞	일	학부보좌관	1895～	공사관기록
佐藤潤象	일	학부보좌관	1895～	공사관기록
多田桓	일	내각보좌관	1895. 6～을미기	고문서 奎23078
鹽川一太郞	일	내부보좌관	1895. 1～을미기	고문서 奎4251
恒室盛服	일	내각보좌관	1895. 6～을미기	고문서 奎4257
加藤武	일	관보국고	1895～	공사관기록
阿比留銈作	일	경무청보좌관수륜과	1895～	공사관기록
齊藤二郞	일	법부보좌관	1895～	공사관기록
左藤彬	일	법부보좌관	1895～	공사관기록
高田富三	일	법무보좌관	1895～	공사관기록
八島英	일	法部雇員	1895～	공사관기록
吉松豊作	일	法部雇員	1895～	공사관기록
淺山顯三	일	보좌관	1895 초반	공사관기록
栗林次彦	일	보좌관	1895 초반	공사관기록
佐藤潤象	일	보좌관	1895 초반	공사관기록
曾我勉(會段勉)	일	보좌관	1895 초반	공사관기록
武田尙	일	보좌관	1895. 1～	고문서 奎 4227
國分哲	일	군부번역사무관	1895. 12～	고문서 4258
麻川松太郞	일	사범학교교관	1895～	공사관기록
野村金五郞	일	학부보좌관	1895～	공사관기록
加藤格昌	일	학부보좌관	1895～	공사관기록
木村綱太郞	일	학부보좌관	1895～	공사관기록
住永琇三	일	통신국보좌관(농상공부)	1895～1897. 8. 3	『日案』3, #4325

〈표 4〉 1896년~1899년 고문관 명단

이름	국적	부서	재임시기
C.W. LeGendre	미	의정부	1898. 6~1899. 9
서재필	미	중추원	1895. 3~1897. 12
C.W. LeGendre	미	궁내부	1895~1899. 9
J. McLeavy Brown K. Alexeiev	영 러	탁지부	1894. 10~1897. 12 1897. 12~1888. 4
C.R. Greathouse	미	외부	1894. 12~1899. 10
C.R. Greathouse 野澤鷄一(법전편찬)	미 일	법부	1896. 2~1899. 10 1896. 2~1897. 1
서재필 山田雪助(통신담당)	미 일	농상공부	1896. 3~1897. 12 1895. 5~1897. 5
J.H.F. Nienstead Putiata	미 러	군부	1896. 10~1898. 3 1896. 10~1898. 4
A.B. Stripling	영	경무청	1897. 8
J. McLeavy Brown	영	해관총세무사	1893. 10~1905. 11

* 출전 :『고종실록』

〈표 5〉 1900년~1903년 고문관 명단

이름	국적	재직 부서	고빙기간
W.F. Sands	미국	궁내부 / 외부	1899. 11~1904. 1
R. Cremazy	프랑스	법부	1900. 5~1904. 4
加藤增雄	일본	농상공부	1902. 8~1904
C. Deleoigue	벨기에	내부	1903. 3~1905. 1

* 출전 :『舊韓國外交文書』고빙계약서(奎 23334, 奎 23473, 고문서 4226)

대한제국 정부는 고문관들에게서 조속히 기술과 업무를 배우려는 자세보다는 오히려 이들이 전문관리인으로 조선 정부의 업무를 대신 관장해주기를 바라는 수동적이며 타율적인 자세를 보였고, 이런 자세는 기존의 일본어 어휘를 그대로 유입시키는데 적지 않은 영향을 끼쳤다고 생각된다. 고종은 제국주의 시대적 상황 속에서 고문관들의 한계를 직시하지 못하고 국가 격변기에 고문관들을 자신의 안위나 독립을 수호하는 일종의 이이제이책으로 이용했다. 이로 인해, 그들은 정책 실무자라기보다는 상당히 정치성을 강하게 띤 정치고문관의 특성을 갖게 되었다고 볼 수 있다. 이상과 같이 대한제국 관보는 1894년 6월부터 1910년 8월 대한제국이 일본에 국권을 상실할 때까지 발행된 공적인 자료로서 당시의 정치와 경제, 군사, 행정, 교육, 문화, 각종 제도 등을 종합적으로 알 수 있는 자료이다. 大韓帝國官報가 당시의 정치와 경제, 군사, 행정, 교육, 문화, 각종 제도자료는 물론 언어 자료로서도 중요하며 특히 개화기에 일본어 어휘를 한국에 받아들이는 통로가 되었을 개연성이 있다고 생각한다.

大韓帝國官報

第一卷 (上)

1894년, 高宗 31년, 개국 503년

官 報 甲午六月二十一日

傳曰安置罪人李容元島配罪人權鳳熙安孝濟呂圭亨並放0傳曰放逐鄉里罪人金允植蕩滌敍用0藥房口傳 啓曰夜來 中宮殿 腫侯益臻康復乎下情憧憧不任伏慮當進之湯劑及敷貼之方不容不趁早議定亟許臣率醫官人 許千萬顒祝惶恐敢 啓 答曰知道今既平復卿等不必入侍矣更易煩 啓0傳曰輕囚放釋左右捕廳在囚賊徒外並放

二十二日

義禁府安置罪人李容元島配罪人權鳳熙安孝濟呂圭

亨並放事 命下矣全羅道羅州牧黑山島圍籬安置加棘罪人李容元靈光郡荏子島島配罪人權鳳熙羅州牧智島島配罪人安孝濟等方在臺 啓中並不得擧行珍島府金甲島島配罪人呂圭亨放送事 分付該道道臣事 傳曰卽速擧行0傳曰兵曹判書許遞全羅監司金鶴鎭 除授全羅監司之代長與府使朴齊純 除授0內務府前主事朴準陽本府主事差下0傳曰內務主事朴準陽同副承旨 除授0傳曰三王不同禮五帝不同樂禮樂因時制宜況政治乎顧我邦介在東亞樞要之地委靡不振由我政治之頽墮紊亂不思變通耳夫謀國之

道用人爲先其四色偏黨之論一切打破不拘門地惟賢
惟才是擧凡係內治外務務從時宜大小臣工各修奮力
之義克相予寡昧以新政治亟圖保國安民之策也可 0
傳曰左捕將許遞大護軍李元會 除授 0 傳曰前直長
鄭雲鵬別軍職差下 0 傳曰有實故玉堂許遞李源兢
落點 0 傳曰凡今庶務遇有緊重事件先爲明于 大
院君前 0 傳曰今問都都下民日益奔波非但景色之愁
慘亦豈事禮之應然必過聽胥花之致其令京兆左右捕
廳這這曉飭于各城門各坊曲俾勿驚動安堵如故事
分付 0 傳曰統衛使許遞扈衛副將申正熙兼帶摠禦使

經理使許遞判尹李鳳儀 除授兼帶莊衛使許遞左尹
趙羲淵 除授 0 傳曰右捕將許遞前兵使安駉壽 除
授 0 傳曰宣惠堂上許遞右尹魚允中差下 0 傳曰內務
叅議金嘉鎭外務協辦差下外務主事兪吉濬叅議陞差
副校理李源兢內務叅議差下 0 傳曰加棘罪人李道宰
安置罪人申箕善定配罪人尹雄烈並放 0 傳曰前承旨
朴準陽內務叅議差下 0 以司謁口 傳 下敎曰集玉
齋遣閣臣 御眞奉審以來 0 傳曰各國事例其軍務
皆歸親王管轄本國則海陸軍事務進明于 大院君前
裁決 0 院議 啓曰伏以臣等卽伏見 傳敎下者有加

棘罪人李容元島配罪人權鳳熙安孝濟等並放之　命
臣等聚首愕眙竊不勝憂歎之至噫此罪人負犯何如關
係何如伊時　處分顧何等截嚴而今何可視同尋常有
此特　旨乎臣等職?惟允義難泯默玆敢相率聯籲伏
乞　聖明亟寢成　命焉惶恐敢　啓　答曰知道特此
處分寔有斟量勿煩卽爲頒布 0 王若曰嗚呼此何等時
也民命近止在在起擾而莫之懷保國網頹弛事事姑息
而莫之振刷是豈徒專咎於羣下也哉肆予否德叨承
祖宗丕基爲民爲國非不勤孜而從欲之治未見其效駸
駸然莫可收拾致有今日之變矣咎實在予悔亦何及病

雖至於痼廢藥宜試於瞑眩此豈荏苒揑度之日乎銓注
之淆雜宜有以澄之財用之冗濫宜有以節之貪汚之律
本嚴而未免失刑奢靡之風愈盛而難期返朴此豈非目
下急切之亟思矯正者乎咨爾凡百臣工毋拘常規體予
求助之至意其各直陳無諱予當虛襟開納咸須知悉 0
傳曰震驚之餘彌切憧憧在院承旨分詣　社稷　宗廟
永寧殿　永禧殿　景慕宮奉審以來 0 傳曰江華? 守
許遞前判書金允植　除授總制營革罷海軍節制移屬
沁營 0 玉堂前望單子入之副校理李承淵　落點　景
慕宮昨日酉時量日本兵奪取策應所軍器後五六十名

持銃刀打破日瞻門攔入之際入直官員與守僕? 幷被
揮人逐出不使接跡仍入內神門　正殿鎖金堅固不敢
開門從門窺視又向　望廟樓打破分閤盡開各室門而
又向　御齋室與東齋室亦爲打破分閤聞極驚悚提調
臣徐正淳馳詣奉審則　殿內安寧　列聖御眞亦爲安
寧閤內與樻子內並無傷失之物是白乎乃第四室龍床
東邊龍頭傷損是乎所莫重之地不能先事禁飭臣等職
在守護有此意外之變不勝惶悚待罪而當該人直官員
及守門將令該府拿問勘處守僕? 令攸司科治治何如
傳曰允雖暫時經擾肅敬之地萬萬驚悚慰安祭卽爲設

行修改之節斯速擧行事　分寸各該司卿等勿待罪 0
傳曰春川? 守許遞大護軍李奎奭　除授 0 傳曰虐民
卽負國民不聊生何以爲國一世喧傳難掩其跡左贊成
閔泳駿專事聚歛歸怨肥以此不可尋常置之遠惡島安
置前統制使閔炯植貪汚無所不至流毒遍及鄰境遠惡
島安置前摠制使閔應植剏營而多變更抽稅而招物議
絶島定配前前開城? 守金世基殘虐而起民鬧倖逭而
壞廉防遠惡地定配慶州府尹閔致憲屢典而濫分溪壑
焉無厭遠地定配此予所以爲生靈亦所以保世臣之苦
心並令卽速擧行 0 壯衛營本營右隊副領官李秉世身

病改差代前察訪禹範善差下 0 傳曰同副承旨許遞前
望單子入之 0 傳曰錬武公院司務金鶴羽叅理陞差前
僉正權瀠鎭機器局幫辦差下　口傳下批

二十三日

川曰外務主事金夏英同副承旨　除授外務主事李應
翼工曹叅議　除授外務主事李鶴圭外務叅議陞差 0
禮曹雖暫時經擾肅敬之地萬萬驚悚　景慕宮慰安祭
卽爲設行修改之節擇日擧行　分付各該曹事　命下
矣　景慕宮慰安祭不卜日今二十四日設行祝文令藝
文舘撰出何如　傳曰允 0 內務府前主事朴鏞和本府

主事差下 0 院議　啓日伏以臣等卽伏見　傳敎下者
有加棘罪人李道宰安置罪人申箕善定配罪人尹雄烈
等並放之　命噫此罪人等關係何如負犯何如而遽有
是　命耶臣等相顧愕眙竊不勝憂歎之至夫莫嚴者
王章也莫遏者公議也臣等職? 惟允之地奉行末由玆
敢相率聯籲伏乞　聖明淵然三思特許速頒布 0 政院
啓曰前承旨朴準陽內務叅議差下事　命下矣政官牌
招開政　下批何如　傳曰口傳下批 0 傳曰都承旨許
遞前望單子入之金宗漢　落點 0 傳曰壯衛營正領官

洪啓薰別軍職差下 0 義禁府 景慕宮當該入直官員
及守門將令該府拿問勘處事 命下矣當該守門將孫
與杓令方待 命拿囚入直令李世愚慰安祭時進叅云
待將事拿囚事 0 又草記加棘罪人李道宰安置罪人申
箕善定配罪人尹雄烈並放事 命下矣李道宰申箕善
尹雄烈等方在臺 啓中不得擧行事 傳曰卽速擧行
0 又草記加棘罪人李容元島配罪人權鳳熙安孝濟等
並放事雖伏承卽速擧行之 命方在臺 啓中公格法
例莫可違越不得擧行事 傳曰卽速擧行 0 傳曰新
除授江華? 守不日上來肅命事令政院催促 0 政院

啓曰外務主事李鶴圭外務叅議陞差事 命下矣政官
牌招開政 下批何如 傳曰口傳下批

二十四日

傳曰向有所屢煩綸飭而所謂東學? 尙滋擾於兩湖欲
其安業而擧皆失業雖云歸化而乃反梗化渠亦恆性同
得豈或瞀然瞢然不之覺悟乎其必窮無所依歸而然其
令兩道臣及各該守令亟加撫恤講究安揷振濟之方誠
心布諭俾知朝家咸與維新之至意 0 傳曰同副承旨許
遞前望單子入之李源棘 落點 0 傳曰前承旨金夏英
外務叅議差下 0 傳曰外務協辦金嘉鎭兵曹叅判 除

授兵判上來間署理 0 政院　啓曰前承旨金夏英外務
叅議差下事　命下矣政官牌招開政　下批何如　傳
曰口傳下批 0 傳曰漢城判尹許遞戶曹判書朴定陽
除授 0 傳曰戶曹判書有闕之代協辦內務府事閔泳達
除授 0 傳曰督辦內務府事閔泳煥檢校直提學李埈鎔
中宮殿別入直督辦內務府事閔泳韶　嬪宮別入直 0
京畿監司洪淳馨　王大妃殿別入直 0 傳曰右承旨許
遞前望單子入之韓昌洙　添書落點 0 以司謁口傳
下敎曰西營兵丁姑付壯衛營使之居接 0 傳曰水原?
守不日辭　朝其間交涉事務協辦金嘉鎭署理

二十五日

傳曰鍊武公院叅理金鶴羽機器局幫辦權瀅鎭並內務
叅議差下 0 藥房日次問　安　答曰知道　王大妃殿
氣候一様　中宮殿氣候安順卿等不必入待矣 0 答領
議政金炳始疏曰省疏具悉卿懇以予倚毗之切以卿忠
愛之篤安危攸係此豈言去聽去之時乎不宜言而言之
不宜廳而廳之自有相知之深何有間於居位去位乎所
辭元輔之任今姑勉副卿其隨事贊襄弘濟艱難體予求
助之至意仍　傳曰此批答遣史官傳諭 0 傳曰判府事
金弘集拜領相 0 傳曰濟衆院主事陸鍾允外務叅議差

下0傳曰左邊捕將許遞壯衛使趙羲淵 除授0工曹
今二十七日 永寧殿秋 享大祭肄儀時判書亞獻官
當爲進叅而判書閔泳韶有身病不得進叅令政院稟
旨變通仍令該曹 口傳差出以爲進叅事 傳曰允許
遞0大臣置處政事取 稟 傳曰當日爲之0傳曰管
理電郵事務趙秉稷減下外務協辦金嘉鎭摠辦電郵事
務差下使之專管擧行0政院 啓曰判府事金弘集拜
領相事 命下矣政官牌招開政 下批何如 傳曰允
0傳曰卿既久閒西樞而時務方急輿望尤切烏可無今
玆復授之擧乎予所憂勤卿之忠悃自有相知之深安用

彌文之爲也卽起膺命擔夯調劑予方臨軒而竢之事遣
都承旨傳諭于領議政仍與偕來0行都承旨臣金宗漢
書 啓臣於本月二十五日巳時量敬奉 聖教馳往傳
諭于中部寬仁坊大寺洞契議政府領議政臣金弘集所
駐處則以爲臣値玆國難蒼黃奔趁之餘忽伏奉非常之
命驚惶隕越罔知攸爲卽又知申臨宣 綸言 諭之以
相知之深責之以擔夯調劑雙擎跪聆感淚交? 此誠何
等時也而臨難托重遽及於萬不近似之賤身臣之顚隮
固不足恤其於國事何哉第今 丙枕憂勤之日亦不敢
以去就仰煩謹當冒沒呈身恭俟異日生成之 澤伏乞

先收偕來之　命以安微分焉臣旣承仍輿偕來之　命
故姑爲仍? 之意敢　啓　答曰知道 0 傳曰聞領相不
日造朝云爲國事萬幸偕來承旨遠入以安大臣之心 0
以司謁口傳　下敎曰軍國機務處處所定于差備近處
0 傳曰右副承旨許遞外務叅議兪吉濬　除授 0 以司
謁口傳　下敎曰新　除授戶曹判書閔泳達肅單捧人
0 傳曰左右洗馬作窠幼學金裕曾李燦永令該曹口傳
擬入 0 以司謁口傳　下敎曰吏曹兵曹與學行衙門並
爲人待于差備近處事分付 0 傳曰前承旨李泰容吏曹
叅議　除授前承旨李秀萬大司成　除授 0 政院　啓

曰新　除授吏曹叅議李泰容方在被謫蒙放中何以爲
之敢　稟　傳曰蕩滌叙用 0 又　啓曰濟衆院主事陸
鍾允外務叅議差下事　命下矣今日政　下批何如
傳曰允 0 又　啓曰鍊武公院叅理金鶴羽機器局幫辦
權瀅鎭並內務叅議差下事　命下矣今日政　下批何
如　傳曰允 0 傳曰亞尹許遞今日政差出 0 傳曰前正
言池錫永刑曹叅議　除授前監察李鎬成刑曹佐郎
除授 0 義禁府左贊成閔泳駿前統制使閔炯植遠惡島
安置前總制使閔應植絶島定配前前開城? 守金世基
遠惡地定配慶州府尹閔致憲遠地定配事　命下矣閔

泳駿全羅道靈光郡荏子島閔炯植興陽縣鹿島並遠惡
島安置閔應植康津縣古今島絶島定配金世基慶尙道
英陽縣遠惡地定配閔致憲咸鏡道洪原縣遠地定配而
並以 傳敎內辭意具罪目閔泳駿閔應植金世基等依
例發遣府都事押送于各其配所閔炯植依例發遣府書
吏押送配所閔致憲以慶州府尹時在任所云亦爲發遣
府書吏自任所執捉仍令押送配所何如 傳曰允當日
發配 0 傳曰藝文提學許遞今日政差出 0 傳曰前叅議
高永喜前都正金得鍊並內務叅議差下 0 傳曰副護軍
韓耆東同經筵 除授 0 傳曰禮曹叅議許遞今日政差

出 0 兵曹 口傳政事左洗馬金裕曾右洗馬李燦永 0
傳曰副護軍金喜洙金裕成金學洙內務叅議差下 0 傳
曰兼文學李始榮同副承旨 除授 0 傳曰進士申澤秀
勿拘年紀今日政敎官作窠擬入 0 傳曰有窠守令就議
廟堂以廉明有聲績人勿拘資級各別擇差事分付銓曹
0 壯衛營前主事權在衡本營文案加差下使之起復從
戎事 傳曰允 0 傳曰軍國機務處會議總裁領議政爲
之內務督辦朴定陽協辦閔泳達江華? 守金允植內務
協辦金宗漢壯衛使趙羲淵大護軍李允用外務協辦金
嘉鎭右捕將安駉壽內務叅議鄭敬源朴準陽李源兢金

鶴羽權濚鎭外務叅議兪吉濬金夏英工曹叅議李應翼副護軍徐相集並會議員差下使之課日來會妥商大小事務稟旨擧行0政院 啓曰前叅議高永喜前都正金得鍊並內務叅議差下事 命永矣今日政 下批何如傳曰允

二十六日

義禁府加棘罪人李道宰申箕善定配罪人尹雄烈放事雖伏承卽速擧行之 命而方在臺 啓中公格法例不可違越末由擧行事 傳曰卽速擧行0兵曹判中樞今方有闕矣輔國知中樞李鎬俊依例陞付0傳曰左副承

旨許遞前望單子入之鄭萬朝 落點0傳曰右承旨許遞前望單子入之李南珪 落點0傳曰同副承旨許遞前望單子入之李偰 落點內務府軍國機務急切浩繁文簿等擧行??萬萬可悶前司事柳正秀前主事吳世昌幼學金仁植並內務主事加差下使之軍國機務處郞廳擧行事 傳曰允0政院 啓曰新 除授刑曹叅議池錫永被調蒙放中何以爲之敢 稟 傳曰蕩滌叙用0傳曰判義禁許遞前望單子入之金奎弘 添書落點0傳曰延安府使金升集工曹삼叅判 除授0答平安監司閔丙奭辭疏曰省疏具?所請依施0傳曰平安監

司之代大護軍金晩植　除授黃海監司之代內務協辦
金春熙　除授使之不日辭　　朝0傳曰左承旨許遞前
望單子入之李宬承　落點0傳曰別軍職金有鉉減下
0政院 啓曰新 除授右副承旨李 偰在外上來 下
諭事 傳曰許遞前望單子入之金學洙 落點0壯衛
營軍司馬韓興教身病改差0傳曰徒流案中所載雜犯
死罪以下並放0義禁府加棘罪人李容元島配罪人權
鳳姬安孝濟等放事連伏承既速擧行之 命而方在臺
啓中格例所在不可違越末由擧行事 傳曰卽既擧行
0院議 啓日臣等卽伏見 傳敎下者有雜犯死罪以

下並放之　命臣等竊以爲罪有輕重有無異同恐有欠
於閱實審克之政取考徒流案或有出於鞫招者或有發
於臺　啓者而並置赦典混無分別此雖出於感與維新
之　聖意然其如王法之不可屈輿情之不可遏何哉臣
等相顧愕眙不勝憂患慈敢相率聯籲伏乞　聖明淵然
三思凡係鞫招臺　啓者並亟寢成　命焉惶恐敢　啓
答曰知道卽速頒布
二十七日
議政府總制營今既革罷南陽府還屬畿營使之管轄事
傳曰允0傳曰近日言事非無可採若其荒雜無倫亦不

可置而勿問前掌令趙性翼遠地定配0義禁府加棘罪
人李容元李道宰申箕善島配罪人權鳳熙安孝濟等放
事連伏承卽速擧行之命而方在臺　啓中公格法例有
不可違越者成　命之下末由擧行事　傳曰卽爲放送
　內務府進士金時鍊本府主事　啓下0傳曰今日藥
房入　侍時諸大臣同爲入　侍0傳曰此時防禦之任
難付生手前兵使洪啓薰鐵原府使作窠　除授使之當
日給馬下送

　　二十八日

以京畿監司洪淳馨狀　啓南陽府民人等有何事端成

羣作黨攔入官庭曳出官長該倅之失措不可無警該府
使任稺宰爲先罷黜事　傳曰勿拘常格各別擇差當日
給馬下送 0 史曹　口傳政事南陽府使申泰熙 0 右承
旨李始榮上疏大槩敢陳援例之章翼蒙遞改之　恩事
答曰省疏具悉疏辭下該曹稟處 0 答黃海監司金春熙
辭疏曰省疏具悉所請依施 0 答史曹判書李承五辭疏
曰省疏具悉所請依施 0 院議　啓曰臣等卽伏見囚徒
單子下者有李召史鳳儀玉貞朴召史李熙善等並放之
命臣等相顧愕眙竊不勝憂歎之至噫此皆覆載間所不
容之罪人親屬應座者而未卽酌處輿情共憤今此　處

分雖出於好生之德其於莫嚴之典章何哉臣等玆敢相
率聯籲伏乞亟寢成 命焉 答曰知道斟酌處分卽速
頒布 0 傳曰黃海監司有闕之代就議廟堂各別擇差口
傳擬入 0 義禁府前掌令趙性翼遠地定配事 命下矣
趙性翼慶尙道河東府遠地定配而方在忠淸道報恩地
云以 傳敎內辭意具罪目依例發遣府羅將自所在處
執捉仍令押送配所事 傳曰允 0 壯衛營本營正領官
洪啓薰外任代右隊副領官禹範善陞差 0 兵曹 口傳
政事鎭禦營領官具漢祚軍司馬洪時夏 0 議政府以湖
南敎匪事前後飭 諭何等諄複而今聞餘黨之竄擾列

邑者尙未盡散云此皆 朝家之赤子亟宜撫令安業廉
察使嚴世永方在道內兼差宣撫使令該曹口傳 下批
仍賚日前所下 綸音遍行布諭俾各感悟革面與所在
地方官講求振濟奠接之方期於歸化事三懸鈴行會事
傳曰允 0 傳曰同副承旨許遞前望單子人之趙民熙
落點 0 傳曰春川?守不日辭 朝 0 傳曰吏曹叅判許
遞內務叅議鄭敬源 除授 0 傳曰惠商公局堂上許遞
右捕將安駉壽 除授 0 戶曹謹奉 傳敎 景慕宮
望廟樓 第四室龍床東邊龍頭傷損處與分閤破傷修
改吉日時令日官推擇則來七月十七日卯時爲吉云以

此日時擧行事　答曰知道 0 議政府卽見畿伯狀　啓
謄報則南陽府民擾又作矣雖未知緣何起擾而爲守宰
者苟無所失安有此無前之變乎以亂民?言之設有抱
冤之端豈無控訴之道而曳縛官長勒奪印符犯分干紀
莫此爲甚痛惋之極合有大懲創不可只令道查而止吏
曹叅議李泰容按？使差下口傳　下批卽速下送起擾
根因築底盤?諸犯分首從登　聞以爲　稟?酌處事
傳曰允 0 傳曰吏曹判書有闕之代前望單子入之李裕
承　落點 0 傳曰同副承旨許遞前單子入之兪鎭弼
落點

官　報　　開國五百三年六月二十九日
兵曹口傳政事壯衛營軍司馬朴昌緖 0 傳曰臺諫有闕
之代前望單子入之正言金錫龍李載榮　落點 0 答判
府事沈舜澤辭疏曰省疏具悉卿懇所辭中　親軍都提
擧之任勉副卿其諒之仍　傳曰此批答遣史官傳諭 0
傳曰親軍營都提調領議政爲之 0 議政府邑不可一日
無官而近來瘝曠成風百獘滋興況當騷訛之時民心將
安所維繫乎上京守令己自臣府催促下送而其年滿瓜
滿當去者並　啓遞其代仍卽各別擇差事　分付銓曹
何如　傳曰允開政差出事分付 0 議政府嶺藩重地方

當交替之際此時戎政不容疎虞慶尚中軍韓國東改差
其代副護軍申泰休差下使之當日辭　朝給馬下送事
傳曰允 0 傳曰左副承旨許遞前望單子入之金裕成
落點 0 傳曰右副承旨許遞前望單子入之趙鼎九　落
點 0 傳曰放逐鄕里罪人並一切放送 0 傳曰桂坊有闕
之代令該曹口傳叙陞以入 0 兵曹　口傳政事右翊贊
閔泳億左衛率朴宇陽左副率金容範右待直金裕曾左
洗馬金聲漢 0 藥房日次問　安　答曰知道 0 吏批
啓曰江陵府使今當差出而本府以關東雄邑物衆地大
素稱難治不可不擇差他道有聲績未準朔守令並擬何

如　傳曰允

官 報 開國五百三年七月初一日

親軍統衛營草記本營兵房趙存禹有身病勢難察任今姑改差事 傳曰允 0 親軍統衛營草記本營正領官南致源有身病勢難察任今姑改差事 傳曰允 0 親軍統衛營草記本營兵房今當差出而擬望之人乏少當品中並擬事 傳曰允 0 傳曰權鳳熙安孝濟修撰除授副司果崔在澈副修撰除授 0 吏曹修撰權鳳熙安孝濟副修撰崔在澈已上除授事承 傳 0 傳曰行護軍崔益鉉工曹判書除授 0 政院啓曰新除授修撰權鳳熙安孝濟方在被謫蒙放中何以爲之敢稟 傳曰蕩滌叙用 0 政院

啓曰卽者檢閱閔厚植謂有舘規陳疏徑出原疏纔已退却矣所當直捧禁推傳旨而此與無端徑出有異推考警責仍卽牌招入直何如 傳曰允原疏捧入 0 答檢閱閔厚植疏曰省疏具悉爾則陞六

官 報 開國五百三年七月初二日

傳曰壯衛營文案權在衡內務叅議差下 0 傳曰知事李裕寅南兵使除授慈城郡守之代同知尙稷鉉除授不多日辭朝 0 吏曹慈城郡守尙稷鉉除授事承 傳 0 兵曹口傳政事副護軍兪鎭南兵使李裕寅親軍統衛營兵房權濚鎭 0 傳曰在外吏曹參議許遞前望單子入之鄭寅昇落點 0 政院啓曰壯衛營文案權在衡內務參議差下事命下矣政官牌招開政下批何如 傳曰口傳下批 0 傳曰右副承旨同副承旨許遞前望單子入之李秉勳吳仲善落點 0 義禁府草記加棘罪人李容元李道宰申

箕善島配罪人權鳳熙安孝濟定配罪人尹雄烈等雖伏承卽速放送之命方在臺啓中公格法例有不得違越者成命之下末由擧行事 傳曰卽速擧行 0 統理交涉通商事務衙門草記仁川港警察官禹慶善改差代前文案李命健差下釜山港警察官鄭錫圭改差代前僉使朴淇琮差下事 傳曰允 0 統理交涉通商事務衙門草記本衙門主事兪吉濬陞資代電郵總局主事李在正差下主事金厦英陞資代仁川港書記官崔名煥差下主事李應翼陞資代釜山港書記官玄采差下主事李鶴圭陞資代幼學卞鼎相差下主事李尙萬移差代幼學禹台鼎差下

並令該曹口傳下批事　傳曰允０吏曹口傳政事交涉
主事李在正崔名煥玄采卞鼎相禹台鼎０統理交涉通
商事務衙門草記釜山港書記官有闕代前書記官鄭顯
哲差下繙繹官玄采移差代前主事金洛駿差下書記官
洪淳旭改差代本衙門主事李尙萬移差事　傳曰允０
政院啓曰新除授右副承旨李秉勳同副承旨吳仲善並
卽牌招何如　傳曰允0 義禁府草記徒流案中所載雜
犯死罪以下並放事命下矣全羅道羅州牧智島遠惡島
定配罪人蔡東英康津縣古今島遠惡島安置勿揀赦前
罪人申楨爗珍島府金甲島遠惡島安置勿揀赦前罪人

徐長玉金堤郡減等定配罪人曹永叔靈光君荏子島遠
惡島限已身定配勿揀赦前罪人嚴益祚慶尙道善山府
遠竄罪人洪顯哲等謹依　傳敎並放送事分付各該道
道臣全羅道康津縣薪智島遠惡島定配罪人李英俊馬
島加棘罪人安宗洙興陽縣鹿島遠惡島安置罪人柳道
奭羅州牧智島遠惡島定配勿揀赦前罪人李上祿加棘
罪人安寗洙平安道朔州府遠地定配罪人魚用海咸鏡
道鏡城府定配罪人兪鎭應等方在臺啓中不得擧行事
　答曰知道卽速擧行０答檢閱徐相勛疏曰省疏具悉
疏辭下該曹稟處０政院啓曰新除授同副承旨吳仲善

時在京畿龍仁地斯速乘馹上來事下諭何如 傳曰許
遞前望單子入之任善準落點0以司謁口傳下敎曰西
營兵丁還付新監司統率下送回糧從厚題給事分付壯
衛營0義禁府草記放逐鄕里罪人並一切放送事命下
矣放逐鄕理罪人洪時衡金永迪沈仁澤尹秉寬等並放
送事 傳曰知道0親軍壯衛營草記謹依司謁口傳下
敎西營兵丁回糧從厚題給事 傳曰知道

官 報 開國五百三年七月初三日

親軍統衛營草記本營軍司馬李靖漢身病甚重勢難察
任今姑改差事 傳曰允0親軍壯衛營草記本營文案
吳麟燮今姑改差其代副司果鄭鳳林差下加設文案姜
緯永減下事 傳曰允0親軍壯衛營草記本營兵房李
熙斌身病甚重勢難察任今姑改差事 傳曰允0親軍
壯衛營草記本營左隊副領官申從均身病甚重勢難察
任今姑改差事 傳曰允0親軍壯衛營草記本營右隊
副領官未差之代左隊右叅領官吳錫泳陞差其代宣傳
官李秉武差下中隊左叅領官朴昌胤改差代訓鍊院僉

正李範來差下右隊右叅領官李源永改差代副司果李匡夏差下令該曹口傳下批事　傳曰允 0 親軍壯衛營草記本營右隊右叅領官李源永身病甚重勢難察任改差事　傳曰允 0 兵曹口傳政事親軍統衛營正領官趙贇顯 0 答左議政趙秉世疏曰省疏具悉卿懇今日國勢之危急誠何等時也以卿忠?何可言去以予委毗何可聽去而休戚與共之義固無間於進退爲逐卿斷斷苦心議政之銜今姑勉副卿其益殫心力弘濟艱難深有所望焉仍　傳曰此批答遣史官傳諭 0 答知事金永壽疏曰省疏具悉不必如是爲引卿其勿辭行公 0 政院啓日吏

曹假郎聽來言大臣置處政事取稟　傳曰當日爲之 0 傳曰不無斟量者存在囚罪人李承一放 0 政院啓曰新除授右副承旨任善準卽爲牌招何如　傳曰允 0 傳曰前守奉官李泰郁工曹叅議除授 0 傳曰前後被謫蒙放人並蕩滌叙用 0 兵曹草記因議政府草記總制營今已革罷南陽府還屬畿營使之管轄事允下矣南陽府使之兼總制營從事官依前以兼南陽鎭兵馬僉節制使經理廳前營將討捕使下批事　答曰知道 0 兵曹草記左議政趙秉世勉副送西事命下矣判中樞當爲隨品置處而知中樞未差之代輔國判中樞李鎬俊降付其代下批事

答曰知道0兵曹草記新資拜營將者瓜滿前以不職遞
罷則不計朔數多少還收資級載在法典而三陟營將李
哲鎬今已居中罷職矣所授加資依例還收事 答曰知
道0兵曹草記總制營革罷以江華?守下批矣海沿總
制使兼親軍鎭撫使以兼鎭撫使親軍沁營外使總制營
兵房兼江華府中軍修城將討捕使以江華府中軍兼修
城將討捕使親軍沁營兵房並爲下批事 答曰知道0
兵曹草記宣傳官宋龜浩白樂均尹庸善內禁衛將李豊
熙守門將鄭源夏俱以病難供職呈狀乞遞叓下僉使今
振奎以其母年今爲七十五歲法不當遠離赴任呈狀乞

遞矣邊將之親年七十五歲以上者許遞其任載在法典
並改差事 傳曰允0吏曹草記議政府左議政趙秉世
勉副事命下矣本曹時無相當窠依例送西事 答曰知
道0吏曹草記鏡城府判官朴瑛夏以其身病呈狀乞遞
改差事 傳曰允0義禁府草記在囚罪人李承一放事
命下矣放送事 答曰知道

官　報　開國五百三年七月初四日

王若曰嗚呼予以否德叨承洪業臨御以來遭時艱虞側席求治非不切矣而所執非道所用非人志勤易道益遠事煩而治未成逐使生靈陷於塗炭赤予弄於潢池以致壁壘多於郊甸干戈動於宮禁國之爲國?於綴旒罪實在躬後悔何及噫凡建官立政皆所以爲民而官失其道適以害民民生之困誠極可哀而君師之責不其重歟撫躬自悼不知爲解幸賴　祖宗默佑廷臣郊勞圖更張之術成損益之?蓋所以因時制宜隨事變革也肆惟我朝立國五百有餘年矣上焉而網紀解紐下焉而風俗頹敗

不可以儀文故事綴拾彌縫則改絃易轍固其勢也苟不能脫略舊?簡易從事難望有效凡我所以奮發改圖克臻平允者實是便民利國之事也集衆論恢公心監于先王成憲參以各國近例要使政典俗?煥란改觀凡我大小臣工暨國內士民無自疑阻同心奮勵勿以舊染之俗難於改革勿以褊私之心礙其正見體予懲前之意同裨維新之化故玆敎示咸須知悉 0 傳曰錢五千兩米三十石令度支輸送于於義宮 0 傳曰寧邊府使有厥之代行護軍李範晉除授 0 傳曰少尹外京兆堂上並許遞前望單子入之判尹卞元圭落點 0 傳曰外務督辦許遞江

華?守金允植差下 0 答吏曹判書李裕承疏曰省疏具悉卿其勿辭行公 0 傳曰左副承旨許遞前望單子入之任大準落點0傳曰右副承旨許遞前望單子入之金裕成落點 0 親軍統衛營草記本營左副領官閔致驥身病甚重勢難察任今姑改差事 傳曰允 0 政院啓曰新除授左副承旨金裕成卽爲牌招何如 傳曰允 0 政院啓曰假注書金東薰有身病勢難察任今姑改差事 傳曰允 0 政院啓曰外務督辦許遞江華留守金允植差下事命下矣政官牌招開政下批何如 傳曰允 0 政院啓曰新除授同副承旨任大準時在寧邊府任所交代後斯速

乘馹上來事下諭何如 傳曰許遞前望單子入之韓昌洙落點 0 假注書金東薰改差代李喜和 0 傳曰大護軍李允用禁軍別將除授 0 傳曰禮曹判書許遞今日政差出 0 傳曰秋曹堂上並許遞今日政差出 0 兵曹口傳政事親軍經理廳兵房單白樂倫禁軍別將單李允用除授事承 傳 0 傳曰外務督辦金允植令政院嚴飭使之卽爲行公

官 報 開國五百三年七月初五日

藥房啓曰伏未審日間 聖體若何寢睡水刺之節何如臣等率諸 御醫趁早入診詳察 聖候爲宜 王大妃殿氣候何如 中宮殿氣候何如臣等不任區區伏慮敢來問安並此仰稟 答曰知道 王大妃殿氣候一樣中宮殿氣候安順卿等不必入侍矣 0 答右議政鄭範朝疏曰省疏具悉卿懇左揆纔告去?章又踵至以傾斷斷忠悃盍念今日國事而若是??乎予於卿自有相知之深諒卿一遞苦心不宜以虛文相持所辭자書之任今姑勉副卿其體予至意勿以釋負自居日陳嘉猷匡濟時艱仍

傳曰此批答遣史官傳諭 0 兵曹草記右議政鄭範朝勉副送西事 命下矣當爲隨品置處而領中樞一窠判中二窠他大臣俱爲見帶依例從座目判中樞加設下批事答曰知道 0 吏曹草記長湍都護府使崔鶴圭身病猝重萬無還官之望沃溝縣監趙秉澄身病猝重萬無還官之望云並罷黜事 傳曰允 0 兵曹草記同知中樞府事權白圭片龍基僉知中樞府事盧泰愚曹司五衛將閔商鎬俱以病難供職呈狀乞遞西北僉使延芳春潼關僉使李秉烈助泥萬戶金鳳周笠巖別將金斗龍俱以身病呈狀乞遞並改差事 傳曰允 0 親軍摠禦營草記本營兵房

李恆儀身病甚重勢難察任今姑改差事 傳曰允0 兵
曹草記全羅左水虞候尹錫晉以其身病呈狀乞遞虞候
之任不可循例改差罷黜事 傳曰允 0親軍摠禦營草
記本營騎士將李敏輿田慶豊徐範淳李敎春趙基澤俱
有身病勢難察任並改差事 傳曰允0 吏曹草記議政
府右議政鄭範朝勉副事 命下矣本曹時無相當窠依
例送西事 答曰知道0 吏曹草記積城縣監吳一默以
其身病呈狀乞遞改嵯事 傳曰允0 義禁府草記定配
罪人李英俊魚用海兪鎭僊加棘罪人安宗洙安寧洙安
置罪人柳道奭定配勿揀赦前罪人李上祿等放事雖伏

承卽速擧行之 命方在臺啓中格例所在不可違越成
命之下末由擧行事 傳曰卽速擧行0 傳曰襄陽府使
朴齊普敦寧都正除授0 傳曰今日政변轉守令勿拘常
格各別擇差0 義禁府草記加棘罪人李容元李道宰申
箕善島配罪人權鳳熙安孝濟定配罪人尹雄烈等放事
連伏承卽速擧行之命而方在臺啓中公格法例莫可違
越成命之下末由擧行事 傳曰屢度申飭之下如是爭
執是豈道理乎卽速擧行0 兵曹口傳政事親軍統衛營
隊官吳甲善0 傳曰仕滿初仕今日政差出0 傳曰有實
故玉堂許遞今日政差出0 政院啓曰新除授同副承旨

陸鍾允卽爲牌招事　傳曰允0 親軍壯衛營草記本營中隊副領官李敏燮身病甚中勢難察任今姑改差事　傳曰允0 親軍摠禦營草記本營千摠今當差出而擬望之人乏少外任並擬事　傳曰允0 親軍壯衛營草記本營右隊左叅領官李興善身病甚重勢難察任今姑改差事　傳曰允0 傳曰左副承旨許遞外務叅議陸鍾允除授0 親軍摠禦營草記本營千摠李奎璧身病猝重勢難察任改差事　傳曰允0 傳曰左副承旨許遞前望單子入之蔡奎龍落點0 答前刑曹叅議池錫永疏曰省疏具悉自有斟量自存焉0 政院啓曰新除授同副承旨蔡奎

龍卽爲牌招事　傳曰允0 政院啓曰吏曹假郎廳來言大臣置處政事取稟　傳曰當日爲之0 傳曰平海郡守趙鍾成渭原郡守禹起東並內禁將除授0 傳曰外務督辦金允植疏批已下卽爲牌招如有違牌勿爲呼望0 兵曹口傳政事壯衛營副領官單崔錫泳叅領官三單李秉武李範來李匡夏

官 報 開國五百三年七月初六日

政院啓曰新除授右副承旨兪鎭弼卽爲牌招何如 傳曰允0 答吏曹叅議鄭寅昇疏曰省疏具悉所請依施0 傳曰吏曹叅議有闕之代副護軍李中斗除授0傳曰幼學金仁圭進士金斗漢瓜近敎官作窠令該曹口傳擬入0 政院啓曰秦 御文字何等番愼而南兵使符單子中有所錯誤致勤 下詢事甚疎忽極涉未安臣之矇然捧入不勝惶悚原單子使之改修正以入當該假注書所當重勘而本院請推之外無他可施之罰何以爲之敢稟 傳曰從重推考爾亦推考0 吏曹口傳政事童蒙敎官金

仁圭金斗漢0 兵曹口傳政事親軍壯衛營兵房單閔致驥0 傳曰淸州牧使之代副護軍申一永除授0 傳曰淸州牧使除朝辭赴任以便養老0 傳曰同副承旨許遞前望單子入之申慶均落點0 傳曰有實故玉堂許遞前望單子入之應敎李容九落點0 傳曰龍仁縣令之代禮賓主簿趙復永除授0 傳曰前府使蔡奎駿內禁將除授0 政院啓曰密符親納例也而前春川? 守閔斗鎬謂有身病使其褊裨替納事甚未安推考事 傳曰允0 傳曰濟衆院主事金經夏工曹叅議除授繕工別提李寅榮敦寧都正除授0義禁府草記加棘罪人李容元李道宰臣箕

善島配罪人權鳳熙安孝濟定配罪人尹雄烈等卽爲放送事分付該道道臣事　答曰知道0 義禁府草記定配罪人李英俊魚用海俞鎭應加棘罪人安寗洙安置罪人柳道奭定配勿揀赦前罪人李上祿等放事連伏承卽速擧行之　命而方在臺啓中公格法例有不可違越者成命之下未有擧行事　答曰卽速擧行0 親軍摠禦營草記本營騎士將今當差出而擬望之人乏少外任並擬何如　傳曰允

官　報　開國五百三年七月初七日

成均館草記今月初七日儒生上旬輪次當爲設行而大提學未差限內不得爲之事　答曰知道0 政院啓曰新除授同副承旨申慶均時在忠淸道淸州牧任所斯速乘馹上來下諭事　傳曰許遞前望單子入之尹尙學落點0 以司謁口傳下敎曰江華留守依水原?守例下直前交龜0 傳曰右承旨許遞前望單子入之金東韻落點0 政院啓曰新除授右承旨金東韻資是嘉義行都承旨金宗漢乃是嘉善座次有違例格何以爲之事　傳曰新除授許遞前望單子入之洪祐相落點0 傳曰兵曹參判金

嘉鎭吏曹參判除授0 傳曰平安兵使之代行護軍李用
漢除授行護軍趙存斗綾州牧使除授並當日下送0 傳
曰右捕將安駉壽經理使除授0 兵曹草記新除授判書
金鶴鎭在外未肅拜叅判未差新除授叅議尹起晉有身
病叅知閔泳琦侍講院進宿衛重地替直無路參判叅議
令政院稟旨變通並令該曹以在京無故人口傳差出待
下批牌招以爲推移入直事 傳曰允許遞0 政院啓曰
新除授親軍經理使安駉壽卽爲牌招傳授密符虎符傳
令牌及敎諭書何如 傳曰允0 政院啓曰新除授同副
承旨尹尙學時在黃海道谷山府任所斯速乘馹上來下

諭事 傳曰許遞前望單子入之趙羲昌落點0 傳曰經
理使安駉壽漢城判尹除授0 答協辦內務府事洪承憲
疏曰省疏具悉所請依施0 政院啓曰右承旨洪祐相時
在黃海道金川地斯速乘馹上來下諭事 傳曰許遞前
望單子入之沈相萬落點0 政院啓曰新除授右副承旨
沈相萬時在平安道成川府任所斯速乘馹上來下諭事
 傳曰許遞前望單子入之李起俊落點0 傳曰吏曹叅
議有闕之代內務叅議金裕成除授0 政院啓曰新除授
同副承旨李起俊時在忠淸道公州地斯速乘馹上來下
諭事 傳曰許遞前望單子入之李中斗落點0 政院啓

曰同副承旨趙羲昌牌招事　傳曰允0 政院啓曰卽接義禁府都事來言時囚罪人李世愚等當爲議處而判議禁金奎弘在外末肅拜次堂例不得擧行云何以爲之事
　傳曰時囚並放

官　報　　開國五百三年七月初八日

內務府草記司甬安泳中全畯基並本府主事差下事傳曰允0 政院啓曰長興府使朴齊純移拜全羅監司有除朝辭赴任之命矣密符則以前監司金鶴鎮所授仍佩敎諭書安寶使院吏賚傳事　傳曰允0 刑曹草記卽接典獄署所報則今月初四日行刑鎖匠宗伊越獄逃去云王獄監守何等愼重而不能嚴束致此逃失之境揆以法紀誠極駭然典獄署當該入直官員令該府拿問處之何如　傳曰允0 史曹口傳政事兵曹叅議李㝡㝡0 以司謁口傳下敎曰平山府使給馬當日下送0 傳曰外務協

辨金嘉鎭兵曹叅判還爲除授仍佩署理0 政院啓曰右
副承旨李中斗同副承旨趙義昌並卽牌招何如 傳曰
允0 政院啓曰江華留守依水原留守例下直前交龜事
命下矣江華릐守金允植卽爲牌招授符何如 傳曰允
0 議政府草記近來原法紊亂當五與葉錢竟無分別而
當五錢內攙入葉錢或以葉錢冒充當五行用者均屬違
制宜亟申嚴令甲後葉錢必以百文稱一兩如有當五錢
內攙雜葉錢而用之者其當五錢卽可照葉錢計數核筭
以防弊端至京外上納及頒放各項自今爲始並以葉錢
核計捧下之意卽速行會而西營鑄所亦令撤罷何如

傳曰允0 兵曹口傳政事親軍摠禦營千摠單金益柱騎
士將單趙東琓0 內務府草記前叅軍尹甲炳司勇李駿
弼幼學申佐均並本府主事差下何如 傳曰允0 答外
務督辦金允植疏曰省疏具悉往事今不必爲引卿其勿
辭卽爲行公0 吏曹吏曹叅判吳德泳今加嘉善除授事
承 傳0 政院啓曰新除授右副承旨李中斗時在慶尙
道禮安地斯速乘馹上來下諭事 傳曰許遞前望單子
入之徐丙善落點

官　報　　開國五百三年七月初九日

議政府草記大阜島設鎭本爲重海防而軫民隱也間因移屬摠制營委送領官勾檢而該營今又革罷矣民無所屬已是可念領官實績亦多著聞大阜島復舊設鎭僉使仍以前領官張基濂差下使之除朝辭察職事　傳曰允0 傳曰刑曹判書許遞刑曹參判趙羲淵除授0 傳曰右副承旨同副承旨許遞前望單子入之兪鎭壽鄭秉夏拯書落點0 政院啓曰右承旨韓昌洙左副承旨兪鎭弼新除授右副承旨兪鎭壽同副承旨鄭秉夏並卽牌招何如傳曰允0 傳曰副護軍李建鎬坡州牧使除授金川郡守

之代薪島僉使任榮鎬除授並使之不日給馬下送0 傳曰少尹許遞左承旨鄭萬朝除授0 議政府草記向以湖南宣撫使差送事已有草記蒙允矣卽聞湖西利仁驛有東學■聚會期衆甚多云雖未知此■情形果何居而連年胥蠢之餘近因京外繹騷傳聞易致詿誤而然耳渠亦化育中物旣云歸化而豈復故爲梗化也哉守土之臣自當到底曉飭而其在　朝家懷綏之道不可不亟加洞諭使之牖迷向明協辦內務府事鄭敬源湖西宣撫使差下令該曹口傳下　批當日下送仍以前日所　下綸音開誠宣布後設法招撫指示利害期令一一覺悟各歸安業

之地何如　傳曰允0 兵曹口傳政事親軍摠禦營兵房
單鄭周默0 傳曰東壁外玉堂並許遞副司果李根輔卞
鍾獻並校理除授副司果李中久李起鎰並副校理除授
副司果金慶濟徐行輔並修撰除授副正字尹始永金駿
漢並副修撰除授0 政院啓曰新除授同副承旨鄭秉夏
時在慶尙道密陽府任所斯速乘馹上來事　下諭何如
傳曰許遞前望單子入之朴顯陽落點 0傳曰交涉主事
李會源敦寧都正除授0 吏曹少尹單鄭萬朝校理二單
李根輔卞鍾獻副校理二單李中久李起鎰修撰二單金
慶濟徐行輔副修撰二單尹始永金駿漢並除授事承傳

官　報　　開國五百三年七月初十日

親軍經理廳草記本廳副領官李璿載身病改差事　傳
曰允又草記本廳軍司馬李鍾元身病改差事　傳曰允
又草記本廳右叅領官李鎰身病改差事　傳曰允0 義
禁府草記因刑曹啓辭典獄署當該入直官員令該府拿
問處之事　批旨允下矣典獄署當該入直叅奉金在煥
下去忠淸道連山地云依例發遣府羅將拿來事　傳曰
待待命拿囚0 答吏曹判書李裕承疏曰省疏具悉所辭
中長銓之任依施0 傳曰吏曹判書有闕之代前望單子
入之李正魯添書落點0 政院啓曰新除授同副承旨朴

顯揚時在黃海道金川郡任所斯速乘馹上來下諭事
傳曰許遞前望單子入之金學洙落點0傳曰左承旨許
遞傳望單子入之金炳秀落點0答外務叅議金晩秀疏
曰省疏具悉所請依施0政院启曰右副承旨兪鎭壽時
在廣州地斯速乘馹上來下諭事 傳曰許遞前望單子
入之南肅熙落點0答知事金永壽疏曰省疏具悉重任
何可輕遞卿其勿辭行公0政院启曰新除授左副承旨
金學洙卽爲牌招事 傳曰允0以司謁口傳下敎曰判
宗政卿闕內出入時乘方席事分付宗府0政院启曰新
除授左副承旨金炳秀同副承旨南肅熙並卽牌招事

傳曰允0傳曰左承旨右承旨左副承旨許遞前望單子
入之徐相集朴準陽金夏英落點0政院启曰右承旨韓
昌洙卽爲牌招事 傳曰允0藥房启曰伏未審日間
聖體若何 寢睡水剌之節何如臣等率諸御醫趁早入
 診詳察 聖候爲宜 王大妃殿氣候何如 中宮殿
氣候何如臣等不任區區伏慮敢來問安並此仰 稟
答曰知道 王大妃殿氣候一樣中宮殿氣候安順卿等
不必入侍矣0親軍壯衛營草記前主事金益昇本營文
案加差下使之起復從戎事 傳曰允0義禁府草記徒
流案中所載雜犯死罪以下並放事 命下矣全羅道康

津縣馬島加棘罪人安宗洙羅州牧智島加棘罪人安寗
洙等撤去圍籬後放送康津縣薪智島遠惡島定配罪人
李英俊興陽縣鹿島遠惡島安置罪人柳道奭羅州牧智
島遠惡島定配勿揀赦前罪人李上祿平安道朔州府遠
地定配罪人魚用海咸鏡道鏡城府邊遠定配罪人俞鎭
應等卽爲放送事分付各該道道臣事　答曰知道0　0統
理交涉通商事務衙門草記今聞法敎師一人在錦營被
害尙未獲犯事關友■不可不明核歸正本衙門主事李
康夏卽爲派送錦營與該道臣到底覈治實犯以杜後弊
何如　傳曰允0 傳曰禮曹堂上並許遞都承旨金宗漢

判書除授吏曹叅議金裕成叅判除授刑曹叅議趙命敎
叅議除授0 傳曰刑曹叅議有闕之代外務叅議俞吉濬
除授0 傳曰吏曹叅議有闕之代副護軍李寅轍除授0
吏曹禮曹判書單金宗漢今超資憲叅判單金裕成今加
嘉善叅議單趙命敎吏曹叅議單李寅轍刑曹叅議單俞
吉濬已上除授事承傳

官　報　　開國五百三年七月十一日

謝恩刑曹叅議兪吉濬副校理李中久　　健陵令李鎬準
金川郡守任榮鎬洪川縣監徐學淳0 下直坡州牧使李
建鎬金川郡守任榮鎬鎭川縣監安鼎壽0 傳曰都承旨
有闕之代前望單子入之李泰容　　落點0 傳曰前內務
主事朴馨來特爲分揀0 傳曰政官牌招開政0 傳曰東
壁外玉堂並許遞副司果趙鎭萬姜濩校理　　除授前正
言宋益勉副正字金弼鉉副校理　　除授副正字李濟承
徐相允修撰　　除授副司果黃岦朴壽昌副修撰　　除授

十二日

傳曰在外吏曹叅判叅議許遞前望單子入之趙東弼丁
觀燮　添書落點0 傳曰右副承旨同副承旨許遞前望
單子入之趙漢國鄭學默　落點0 兵曹　口傳政事南
營哨官二單金台仁金斗熙0 傳曰行護軍魚允中工曹
判書　除授0 議政府草記愼擇守令尤爲今日最急務
湖南貶罷守令皆令今日政各別擇差不日下送而有聲
績守令遷轉時未解由未準朔並勿拘檢擬事　分付銓
曹事　傳曰允0 壯衛營本營右隊副領官吳錫泳外任
代左隊右叅領官李秉武陞差其代隊官李斗璜陞差中
隊右叅領官改差代前府使李彰烈差下右隊左叅領官

改差代副司果南萬里差下使之察任事0 內務府幼學
朴世綱本府主事加差下0 統理交涉通商事務衙門當
此艱虞之際事務一倍繁劇幼學朴東鎭本衙門主事加
差下0 又草記轉運委員禹慶善今姑減下事0 傳曰禮
曹叅判工曹叅判並許遞今日政差出0 傳曰檢校直提
學李埈鎔檢校待敎鄭寅昇並同經筵 除授0 傳曰訓
鍊正李敎奭前虞侯李正圭並內禁將 除授0 傳曰副
護軍金夢求長湍府使 除授使之不日給馬下送0 傳
曰春秋並許遞今日政差出0 傳曰領敦寧今日政以判
中樞下批0 傳曰 英陵叅奉宋秉羲 寧陵叅奉鄭近

源機器司事加差下 泰陵叅奉李輔漢濟衆院主事加
差下0 政院 啓曰新 除授同副承旨趙漢國時在任
所上來 下諭事 傳曰許遞前望單子入之李載現
添書落點

十三日

政院 啓曰右副承旨鄭學默在外上來 下諭事 傳
曰許遞前望單子入之李會源 落點0 傳曰瓜近敎官
作窠進士金宅鎭令該曹口傳擬入0 傳曰輔德有闕之
代前望單子入之0 議政府卽見慶尙監司李容直狀
啓則以金海府使許轍重囚逃失事論罷至淸廟堂 稟

處矣重囚逃失縱屬難恕以該倅旣著前績此時迎送亦所當念特爲分揀仍令戴罪擧行事　傳曰允0 又草記昨以湖南貶罷守令當日政擇差事草記蒙　允矣今見政目一不差代事體所在寧容若是當該銓官施以重推之典此時曠務尤屬可悶更令政院政官　牌招開政差出事　傳曰允0 宗親府禮曹叅判李埈鎔宗正卿依例差下令該曹口傳　下批事　傳曰允0 政院　啓曰新除授同副承旨李會源時在任所上來　下諭事　傳曰許遞前望單子入之金天洙　落點0 傳曰前縣監李晳鎬內禁將　除授0 傳曰大護軍李允用刑曹判書　除

授0 傳曰工曹判書有闕之代兵曹叅判金嘉鎭　除授0 傳曰兵曹叅判有闕之代副護軍趙東潤　除授兵判上來間使之署理0 輔德前望單子入之李埈鎔　落點傳曰知敦寧許遞前望單子入之魚允中　落點

十四日

傳曰前內務主事許烒札馨來特爲分揀0 答吏曹叅判趙東弼辭疏曰省疏具悉所請依施0 傳曰吏曹叅判有闕之代前望單子入之李敎榮　落點0 傳曰右副承旨許遞前望單子入之李根용　落點0 傳曰在外吏曹叅議許遞前望單子入之鄭學默　落點0 傳曰司勇李晃

泰敦寧都正　除授0 傳曰東壁外玉堂並許遞副正字
李東宰沈衡澤校理　除授柳반李範世副校理　除授
鄭應哲嚴柱完修撰　除授李雲翼李喆宇副修撰　除
授0 傳曰藥院提調許遞前望單子入之李正魯　落點
0 答吏曹判書李正魯辭疏曰省疏具悉旣己問備卿其
勿辭行公0 政院　啓曰都承旨李泰容資是通政新
除授承旨李根■용乃是嘉善座次有違格例何以爲之敢
稟　傳曰新　除授承旨許遞前望單子入之徐完淳
添書落點0 傳曰判宗正卿李載冕處地自別特授上輔
國永平君李景應宜無異同並拜領宗正府事依國舅領

敦寧例施行0 傳曰判義禁外金吾堂上並許遞今日政
差出0 傳曰　孝昌園守奉官李鼎夏　昭寧園守奉官
李鳳儀並機器局司事加差下義禁府都事韓學洙濟衆
院主事加差下0 傳曰同敦寧左右尹許遞今日政差出
傳曰今日政遷轉守令勿拘常格各別擇差0 傳曰礦務
局主事梁在謇陞六0 傳曰仕滿初仕今日政差出0 傳
曰右承旨許遞前望單子入之趙鼎九　落點0 答工曹
判書金嘉鎭辭疏曰省疏具悉卿其勿辭行公0 傳曰轉
運主事李啓弼雲山郡守　除授0 傳曰承文判校宣俊
采兵曹叅議　除授0 傳曰兵曹叅判許遞前望單子入

之金春熙　落點0 傳曰兵判上來間叅判署理0 宗親府判宗正卿永平君李景應李載冕拜領宗正卿矣所帶有司之任不可仍帶改差事　傳曰允0 傳曰同副承旨許遞前望單子入之李鍾七　落點0 答知敦寧魚允中辭疏曰省疏具悉所請依施0 謝恩摠禦兵房鄭周默別將李圭泰交涉主事兪哲濬右副承旨徐相集同副承旨李載現壯衛營文案金益昇副領官李秉武叅領官李斗璜內務主事申佐均0 下直谷城縣監李文榮黃海監司鄭顯奭

十五日

藥房日次問　安　答曰知道　王大妃殿氣候一様中宮殿氣候安順卿等不必入侍矣0 傳曰左承旨右承旨並許遞前望單子入之金鶴羽　落點池錫永　添書落點0 壯衛營本營軍司馬閔泳升遷轉代幼學申鍾恊差下0 政院　啓曰同副承旨李鍾七在外上來　下諭事　傳曰許遞前望單子入之尹吉柄　添書落點0 傳曰禮曹叅判李埈鎔統衛使　除授0 宗親府本府諸郎廳俱有實病忠義李建奎在外入直廡人忠義改差事傳曰允陞六0 議政府禮曹叅判李埈鎔本府堂上差下仍察有司之任事　傳曰允0 答工曹判書金嘉鎭辭疏

曰省疏具悉不必如是卽速入來0 議政府卽見南陽府
按? 使李泰容狀本 啓下者則臯列諸犯首從請令廟
堂 稟處矣挽近吏治不臧民俗多頑外邑之擾往往入
聞而豈意畿甸之內乃有此蔑分干紀之甚者乎鄭寅植
陰助輪通激成衆怒綢繆和應莫掩其跡而曾經蔭官隱
身不待以致重案之未備極爲駭惋令道臣拿致營庭嚴
? 得情斯速登 聞更爲 稟處李君玉深憾乃父之牢
刑甘作亂黨之前矛毆縛命吏無所不至罪實先犯亦旣
承? 令南陽鎭大會軍民梟首警衆崔元寧之發論聚衆
黃益才之奪印搜符合施次律而俱爲在逃期於捉得?

實後嚴刑二次遠惡地定配其餘諸罪人並令分輕重酌
處前府使任稺宰恣意徵斂己屬無藝縱酒酷杖又何過
度至於失印符被桎梏尤係無前之變貽辱朝列莫此爲
甚令 王府拿問嚴勘鹽稅之捄獘還穀之完摠? 使措
處得宜並依此施行事 分付道臣何如 傳曰允0 答
吏曹叅判李敎榮亂疏曰省疏具悉所請依施0 傳曰吏
曹叅判有闕之代前望單子入之金昇圭 落點0 傳曰
前南陽府使任? 宰發遣府都事具格拿來南間囚0 傳
曰犯贓旣夥處事乖當藉無人言獨不愧於心乎以此人
得此聲極爲痛歎經歲未勘自有斟量前前忠淸監司趙

秉式施以湖沿投畀之典0 傳曰總理大臣領議政
金弘集爲之贊成金壽鉉李裕承差下都憲朴容大李重
夏李泰容曹寅承兪吉濬差下宮內大臣領宗正卿李載
冕爲之協辦金宗漢差下內務大臣閔泳達差下協辦李
埈鎔差下外務大臣金允植差下協辦金嘉鎭差下度支
大臣魚允中差下協辦金喜洙差下法務大臣尹用求差
下協辦金鶴羽差下工務大臣徐正淳差下協辦韓耆東
差下學務大臣朴定陽差下協辦鄭敬源差下軍務大臣
李奎遠差下協辦趙羲淵差下農商大臣嚴世永差下協
辦鄭秉夏差下警務使安駉壽差下

十六日

義禁府前前忠淸監司趙秉式施以湖沿投畀之典事
命下矣忠淸道沔川郡投畀而以 傳敎內辭意具罪目
依例發遣府都事押送配所事 傳曰允0傳曰前執義
朴文一泰川縣監 除授使之除 朝辭赴任0傳曰佐
承旨右承旨許遞前持平金興洛兪萬柱 除授0傳曰
前都事金炳昌執義 除授直講鄭胤永司諫 除授0
傳曰右副承旨許遞前望單子入之李寅榮 添署落點
0政院 啓曰新 除授同副承旨李寅榮在外上來
下諭事 傳曰許遞前望單子入之朴齊恂 添書落點

0 答行大護軍尹用求辭疏曰省疏具悉卿其勿辭行公
0 傳曰東壁外玉堂並許遞副司果高永錫副正字印錫
輔並校理 除授副司果李晩煃副正字李啓弼並副校
理 除授副司果盧悳鉉韓國輔並修撰 除授副正字
尹相燮奉常正韓永元並副修撰 除授0 傳曰政官
牌招開政0 議政府濟州牧使李鳳憲

十七日

議政府平安前監司閔丙奭黃海前監司金奎弘處事乖
當傳聞可駭並姑先施以重推之典事 傳曰允0 傳曰
東壁外玉堂許遞副司果趙忠夏副正字李胤鍾並校理

除授副正字徐肯淳金鎭達並副校理 除授副司果李
章燮吳濴鐸並修撰 除授奉常正金南轁副正字孫庚
鉉並副修撰 除授0 傳曰淸州營將李奎白報恩郡守
除授使之當日辭 朝給馬下送0 答吏曹判書李正魯
辭疏曰省疏具悉所請依施0 答司書申應善疏曰省疏
具悉爾其勿辭察職0 傳曰吏曹判書有闕之代前望單
子入之南廷順 添書落點0 政院 啓曰左承旨朴齊
恂右副承旨金興洛同副承旨兪萬柱在外上來 下諭
事 傳曰許遞前望單子入之李茂魯 落點申德熙權
在洙 添書落點0 答戶曹判書閔泳達辭疏曰省疏具

悉卿其勿辭卽爲肅　命0 傳曰安置罪人閔泳駿閔炯
植事公議如此並加施圍籬之典0 電郵摠局本局事務
轉益浩大幼學李宏柱芮宗錫柳枝秀並主事加差下令
該曹口傳　下批事　傳曰允0 答吏曹叅議鄭學默辭
疏曰省疏具悉所請依施0 吏曹叅議有闕之代前望單
子入之李源兢　添書落點0 全羅監司書目上疏上送
事　啓　答曰省疏具悉卿其勿辭卽速交龜0 政院
啓曰左副承旨李茂魯右副承旨申德熙在外上來　下
諭事　傳曰許遞前望單子入之趙秉健李石榮　落點
0 答掌令李明源疏曰省疏具悉0 議政府湖南宣撫使

嚴世永旣拜農商大臣事務緊急使之卽速還朝湖西宣
撫使鄭敬源兼差三南宣撫使仍令前往一一撫綏期有
實效之地何如　傳曰允0 壯衛營本營中隊副領官李
敏燮改差代中隊右叅領官李彰烈陞差其代訓鍊院僉
正李景熙差下令該曹口傳　下批何如　傳曰允0 議
政府卽見廉察使嚴世永狀本　啓下者則以爲古阜一
邑再經民擾其所矯捄宜先他邑陳結二百結十七負二
束今雖出稅恐難疊徵特爲更展年限原陳結三百七結
五負四束亦令限年蠲稅流亡稅穀未收條一千五百八
十石零前郡守趙秉甲未捧虛勘自轉運所推移先納

於京倉而該邑未收自有其數特爲詳定代捧己捧稅米
一千石先自裁去泛稱官況而任前排朔條外其餘六百
五十九石十斗七升二合六夕捉囚家僮不日徵捧斷不
可己並令廟堂　稟處云矣此邑自經浩刦闔境蕩殘邑
勢民情果如狀辭則白徵疊排誠所不忍陳結二百結十
七負二束原陳結三百七結五負四束並限三年停稅以
示朝家體恤之意流亡稅穀虛勘條一千五百八十石零
特推寧失之義許以詳定代捧使新舊轉運使查簿歸正
前郡守趙秉甲載去稅米事未前聞極屬駭惋前郡守雖
己島置其家在於忠淸道地遞任前排朔條計除外六百

五十九石十斗七升二合六夕發關該道監司使之捉囚
家僮不日督捧以完正稅事　分付何如　傳曰允

十八日

傳曰左承旨右承旨同副承指並許遞前望單子入之金
甲圭洪鍾榮　落點閔種烈　添書落點0 議政府全羅
監司金鶴鎭內移有日行將交龜矣此道臣莅任於擾攘
之際推誠撫綏使衆民感化及聞還　朝皆願借寇云其
實心實績可知特仍前任俾責成效何如　傳曰允0 傳
曰固城府使吳弦默海南縣監李容中並內禁將　除授
0 政院　啓曰右承旨洪鍾榮右副承旨金甲圭同副承

旨閔種烈俱在任所並上來 下諭事 傳曰並許遞前
望單子入之金命基 落緇李憙翼沈相璜 添書落點
0義禁府安置罪人閔泳駿閔炯植並加施圍籬之典事
命下矣各其發遣府都事於全羅道靈光郡荏子島及興
陽縣鹿島罪人閔泳駿閔炯植前罪目添書今番 傳敎
內辭意各於配所與地方官眼同圍籬擧行之意敢 啓
答曰知道0議政府卽見嶺南摠務官鄭秉夏狀本 啓
下者則前粱山郡守李範善旣已論罷宜請?司 稟處
而此請令廟堂 稟處者有違格例該摠官推考更令
王府 稟處何如 傳曰允0答前持平金禹鉉疏曰省

疏具悉0兵曹 口傳政事統衛營軍司馬單閔厚植沁
營右領官單黃時中0議政府取見招討使洪啓薰 啓
本下者則壯衛營隊官李學承先登陷陣竟立殣義勇
之氣足以勵衆特 贈左承旨宣傳官李柱鎬奉 命勞
師中道遇害招討從事副司果李斅應幼學裵墐換賫綸
宣諭遞?凶鋒俱死 王事不勝慘惻李柱鎬李斅僊特
贈持平以示 朝家拔例褒勸之意至於兵丁從隷之同
被戕害者令該營優給錢米俾恤其家事 分付何如
傳曰允死於 王事允宜特例示意不可只以贈職特遣
官致侑其餘兵丁從隷亦令致酹恤其家屬別般優恤事

分付0傳曰身死未蒙放罪人洪晉游職牒還授0傳曰
高原郡定配罪人申載永放0傳曰政官牌招開定0傳
曰漢城判尹安駉壽刑曹判書 除授0統衛營本營左
砲隊官金泳九有頉代敎長朴宗仁差下0傳曰新除
授內務大臣閔泳達令政院牌招卽爲肅命如有違牌勿
爲呼望0傳曰今日政以都政例爲之0答前大護軍尹
用求辭疏曰省疏具悉此時此任何可連事煩瀆卽爲肅
命0答知敦寧趙鍾弼辭疏曰省疏具悉所請依施0答
執義鄭勉洙疏曰省疏具悉0義禁府三南廉察使嚴世
永狀 啓內金溝縣令金命洙爲先罷黜其罪状令?司

稟處事 啓下矣金命洙時在任所云依例發遷府羅將
拿來何如 傳曰待待命拿囚令廟堂稟處0下直樂安
郡守張敎駿0傳曰承旨前望單子入之李應翼李鶴圭
權在衡 添書落點0傳曰知敦寧前望單子入之李?
永 落點0傳曰東壁外玉堂並許遞副正字金容圭檢
閱徐相勛校理 除授副正字閔憙植朴經遠副校理
除授副正字趙漢復檢閱李著宰修撰 除授副正字朴
台熙韓正愚副修撰 除授0傳曰陰城縣監元世洵敦
寧都正 除授0傳曰端川府使李啓善內禁將 除授
0答副護軍池錫永疏曰省疏具悉0政院 啓曰內務

大臣閔泳達　飭敎之下謂以情踪惶蹙奉　?　闕外
無意承膺事體所在誠極未安推考何如　傳曰允寧有
如許道理仍以前牌更爲牌招0 謝恩　厚陵令安敎弼
舒川浦僉使吳大泳交涉主事玄采雲山郡守李啓弼報
恩郡守李奎白仍下直0 卞直牙山縣監梁在謇懷德縣
監李圭瑞谷山府使鄭闇朝0 禁府都事李徽翼前前忠
淸監司趙秉式湖沿投界事沔川郡出去0 傳曰忠淸監
司有闕之代前監司朴齊純　除授

十九日

傳曰今日政遷轉守令勿拘常格擬入0 傳曰前叅判

李容元禮曹判書　除授前叅判趙熙一工曹判書　除
授前叅判李道宰禮曹叅判　除授前承旨申箕善戶曹
叅判　除授前承旨李建昌工曹叅判　除授0 傳曰同
敦寧刑曹叅判許遞今日政差出0 傳曰內務主事李駿
弼陞六0 傳曰內醫院司饔院提調義和君爲之尙衣院
提調領宗正仍帶司僕提調知宗正李載完差下0 傳曰
思陵叅奉金鳳善義禁都事李徽翼　昭慶園守奉官李
啓舜　懿寧園守奉官鄭濟善並機器局司事差下西部
都事兪致元　永懷園守奉官李裕烈　昭寧園守奉官
趙秉珪並濟衆院主事差下0 傳曰安原萬戶李? 駿仁

遮外萬戶尹敎性遞付京職0 傳曰宣傳官李鳴夏趙載
亨李鍾淵訓練判官加設單付0 傳曰知訓鍊許遞今日
政差出0 兵曹 口傳政事壯衛營隊官四單吳聖學金
振豐尹喜永韓應淵0 傳曰知訓鍊有闕之代工務協辦
安駉壽 除授0 傳曰左副承旨右副承旨同副承旨許
遞前望單子入之朴世煥李商在金經夏 添書落點0
答江原監司閔亨植辭疏曰省疏具悉所請依施0 傳曰
江原監司有闕之代行護軍金升集 除授0 傳曰副護
軍趙鼎九禮曹叅判 除授0 傳曰大護軍趙慶鎬判義
禁 除授0 傳曰右承旨左副承旨同副承旨許遞前望

單子八之高雲? 劉冀先洪時模 添書落點0 傳曰副
護軍李根培工曹叅議 除授0 交涉衙門仁川港書記
官崔名煥移差代前文案朴夏成差下令該曹口傳 下批
何如 傳曰允0 兵曹新 除授多大僉使鄭健植身病
罷黜事 傳曰永宗僉使相換0 議政府聞關西方有兵
端而初無狀 聞揆以邊情極爲駭惋平安前監司閔丙
奭平安前兵使金東韻並令 王府拿問以新監司金晩
植新兵使李用漢言之中路見阻不得到營云亦甚慨然
並令戴罪前進斯速交龜後登 聞事三懸鈴知委事
傳曰允0 又草記定州牧使宋鍾億辭 朝己久尙不赴

任云雖未知事故而法意所在不可仍置姑先施以譴罷
之典其代統衛營正領官趙贇顯差下便之當日辭　朝
給馬下送事　傳曰允0 又草記總制營今旣革罷矣安
山郡守復舊例差出事　分付銓曹何如　全曰允0 傳
曰定平府使李晙鎬萬頃縣令鄭敎烈海美縣監閔貞植
幷內禁將　除授海美縣監之代副司果沈宜肅擬入0
傳曰左副承旨許遞前望單子入之金炳儒　添書落點
0 政院　啓曰內務大臣閔泳達屢度飭敎之下謂以情
踪去益難安奉　牌　闕外無義承膺從重推考何如
傳曰寧有如許道理施以譏沿投畀0 傳曰內務大臣之

代知中樞閔泳商差下法務大臣之代工務協辦韓耆東
差下工務協辦之代警務使安駉壽差下警務使之代總
御使李鳳儀差下0 答大護軍尹用求疏曰省疏具悉所
辭旣如此今姑許遞0 吏曹　口傳政事禁府都事李虎
榮司饔判官鄭台鎔相換金府都事林哲熙訓鍊判官柳
錫祚相換禁府都事李台淵假監役鄭在學相換禁府都
事李斗夏假監役金錫永相換事府都事金永準交涉主
事曹龍承相換禁府都事孫永熙　章陵叅奉李昇九相
換0 傳曰吏曹參判許遞前望單子入之李埈鎔　添書
落點0 禮曹行上護軍韓章錫今七月十五日卒逝0 議

政府卽見義禁府因廉察使狀 啓金溝前縣令金命洙
拿囚事草記 判付下者有令廟堂 稟處之 命矣取
見原 啓本則諸條? 列俱係可駭而守令之本境內買
土占山尤違 國典其官買之邑沓脅取之吏山並卽推
還原主事關飭該道臣處何如 傳曰允0 全曰左副承
旨右副承旨同副承旨並許遞前望單子入之韓始東李
秉魯李建永 添書落點0 禮曹今二十五日 大殿誕日
陳賀時 王世子致詞陳 賀之節依例磨鍊事權停0
謝恩吏曹判書南廷順叅判李埈鎔叅議李源棘壯衛營
兵房金景熙工務協辦安駉壽0 義禁府 綏陵慰安

祭獻官趙秉友拿處事 傳曰飭己施矣分揀0議政府
本府及各衙門奏任官謹依 啓下授任式並爲差下將
官職姓名開單以入而農商衙門則該大臣奉 命在外
不得一體 奏派判任官則本府及各衙門大臣追當自
辟之意敢 啓傳曰允0議政府參議金寅植朴?陽
朴永斗宋榮大金得錬(並差下己上三品)主事鄭夏默崔錫敏尹
明善洪澤厚吳世昌金仁植洪在箕金吉錬金河璿許憲
李道承李馨鄭允永朴承?白南奎(並差下己上六品)內務衙
門叅議朴準陽鄭萬朝李源棘李種元申炳休(並差下己上三品)
主事李鍾元金?鉉兪鎭贊兪星濬鄭寅杓金慶濟金裕

曾尹泰駟安琦善申佐均朴羲洺李琠(並差下已上六品)外務衙
門叅議金夏英李鶴圭陸鍾允權在衡金容元(並差下已上三品)主
事洪禹觀丁大有秦尙彦趙性協李康夏安吉壽崔名煥
姜華錫李啓弼玄采申泰모卞병相玄映運(並差下已上六品)度
支衙門叅議李根敎鄭恆朝尹泰興李根培李敎奭(並差下已)
上三品)朴寅壽柳正秀尹岐禎李鼎煥(並差下已上陞三品)主事金應
漢鄭寅壽徐丙壽朴鍾夏申在億李範學金裕定片永基
金近淵印錫輔李貞烈李相卨李範臣李承玉李鎬成李
海萬尹任禎李裕熙李裕鼎金憲文尹鎬禎韓在鎭崔錫
肇李容九(並差下已上六品)軍務衙門叅議申林朴準成朴齊斌

(並差下已上三品)安浚(差下陞三品)主事尙百鉉任麒鎬柳錫膺洪祐亨
李普熙(並差下已上六品)法務衙門叅議朴始淳鄭寅興(並差下已上三品)李
在正張博(並差下已上陞三品)主事金基肇金時濟吳容默趙鍾緖
吳世光李度翼(並差下已上六品)學務衙門叅議趙秉健李應翼
高永喜李敦修(並差下已上三品)李憙翼(兼大司成差下三品)李庚稙李商在
(並差下已上陞三品)主事金炳翕朴周憲(並兼典籍差下已上六品)李鳳稙金載霖
劉漢鳳全泰善金在夏全宅周李秉림洪永德李海德安
泳中權柔燮李弼均(並差下已上六品)工務衙門叅議趙民熙尹
達榮徐相集具然韶(並差下已上三品)王濟膺宋憲斌(並差下已上陞三品)主
事曹秉一李夏榮白길鏞金樂集金澈榮玄濟復(並差下已上六)

品)朴晶奎具然壽金宅鎭(並差下己上陞六品)警務廳警務副使李
秉勳(差下三品)警務官李奎濴具範書李啓薰李徹純金東挽
白命基(並差下己上六品)

二十日

藥房日次問 安 答曰知道 王大妃殿氣候一樣
中宮殿氣候安順卿等不必入侍矣0 義禁府內務大臣
閔泳達施以畿沿投畀事 命下矣金浦郡投畀事 傳
曰允0 傳曰各府衙門分屬諸司依 啓下施行0 宮內
府前承旨成지運本府叅議差下0 義禁府身死未蒙放
罪人洪晉游職牒還授事 命下矣洪晉游尙在臺 啓

中不得擧行事 傳曰卽速擧行0 又草記因議政府 啓
辭內前摠務官趙弼永究厥所犯不可善地薄竄而止加
施遠竄之典事 批旨內施以島竄之典事 命下矣全
羅道康津縣古今島施以島竄之典事0 傳曰總理大臣
宮內大臣各衙門大臣以下 勅奏任官入侍0 王若曰
我國家制法之初官無虛設人必稱職挽近以來百度漸
弛漫無統紀國勢委靡寔由於此思維圖治宜先更張?
命總理大臣博採公議申明舊典叅用各國良? 先定職
制及應行急務外爲十府衙門 勅奏判三等使之分掌
庶務咨惟諸衙門大臣愼賢乃僚惟賢惟能各盡其任認

員辦理予當責成于政府考其成績明其黜陟廓然大公

제底于王道蕩平之中嗚呼今日是何等時也鞏基定命

之道惟在於此咨惟羣工往欽哉0 傳曰副護軍金學洙

都承宣差下副護軍李石榮鄭世源姜友馨尹起元並承

宣差下0 宮內府假注書李秀寅李喜和記注二員新薦

間仍差何如 傳曰允0 答協辦內務府事李鳳儀辭疏

曰省疏具悉所請依施0 傳曰警務使有闕之代大護軍

李允用差下

官　報　　開國五百三年七月二十一日

謝恩議政府主事崔錫敏金吉鍊朴承? 白南奎永同縣
監吳衡根0 承宣院　啓曰新差下都承宣金學洙右副
承宣尹起元在外上來　下諭事　傳曰許遞前望單子
入之都承宣趙鼎九右副承宣李敏變　落點0 議政府
江原咸鏡兩道客兵所過之地개地方官凡於糧草牛馬
等物排歛民間大致民邑之騷擾此事初無政府知委而
沿路各官何敢擅行以貽民弊乎事體所在不可無警該
道臣並推考各該地方官使之戴罪擧行事　傳曰允0 壯
衛營隊官趙羲觀外任代閑良李承奎差下使之起復事

傳曰允0 下直全羅左水使金澈圭三島僉使李國鉉0
謝恩唐津縣監尹寓善盈德縣令趙賢植長湍府使金夢
求監察金百鍊端川府使洪鍾學萬頃縣令趙羲觀機張
縣監李駿弼通津府使尹九成興德縣監尹錫禎交涉主
事高宅鎭順川郡守李鼎泰　昌陵令金瑨鉉禁府都事
柳錫祚鄭在孝金鎬永李昇九鄭台鎔0 禁府都事柳錫
祚閔泳駿圍籬事荏子島出去0 禁府都事李昇九閔炯
植圍籬事鹿島出去0 謝恩警務官白命基0 禁府都事
鄭台鎔閔泳達投畀事金浦郡出去0 傳曰大護軍趙慶
判義禁　除授0 謝恩議政府叅議金得鍊0 義禁司

定配身死未蒙放罪人洪晉游職牒還授事　命下矣洪
晉游罪名即爲爻周而職牒還授令該衙門擧行何如
傳曰允0 答奉常寺主簿鄭道淳疏曰省疏具悉0 統衛
營本營左一小隊官具俊喜外任代敎長金振聲差下右
砲隊官車逸萬改差代敎長徐仁根差下0 承宣院　啓
曰新　除授右副承宣李敏燮在外上來　下諭事　傳
曰許遞副護軍尹祖榮差下

二十二日

謝恩鍾城府使李容仁鎭海縣監具俊喜壯衛營軍司馬
申鍾協0 傳曰義和君領敦寧爲之0 傳曰完平君李昇

應判敦寧爲之0 謝恩領敦寧李　堈0 議政府平壤中軍
間己差代矣前中軍李希稙聲績素著當此愼鐸時不
宜遞改特爲仍任其差代祗中軍待相當窠更爲差送何
如　傳曰允0 議政府主事金明鎬韓善會韓敬履李秉
珪趙重應李建昇李重斗柳應斗孫章鉉金準用洪慶勳
安錫洪金在演金善鎰吳敬倫張台煥朴汶錫張鴻植安
殷鼎金鳳煥朴泰禎　啓下

二十三日

傳曰奎章閣學士有闕之代差出直學士有闕之代前望
單子入之直學士趙東潤　落點0 傳曰經筵學士副學

士有闕之代前望單子入之學士尹 容善副學士金春熙
落點0 傳曰大學士有闕之代前望單子入之金永壽
落點0 以京畿監司洪淳馨狀 啓罪人閔泳達金浦郡
投畀事 傳曰飭己施矣放0 宮內府 永禧殿令金淳
秉身病改差 傳曰 社稷令徐周輔相換0 宮內府
溫陵參奉李相宇身病改差 傳曰 昌陵叅奉李汶容
相換0 宮內府本府新定職制酌舊叅今另成總例庸備
乙覽之意敢 啓0 傳曰侍講院師金領院事爲之傳趙
領院事爲之貳師大學士金永壽爲之賓客判中樞院事
李承五鄭基會差下贊善宋山林爲之前兼輔德閔宗植

輔德差下前弼善朴昌緒弼善差下前兼弼善尹斗炳文
學差下前兼司書金有濟司書差下前兼說書吳衡根設
書差下翊衛司翊衛前翊衛李健榮差下前司禦믄泰植
司禦差下前翊贊李璋烈翊贊差下前衛率趙珪熙衛率
差下前副率洪鍾韶副率差下前侍直金容學侍直差下
前洗馬李燦永洗馬差下0 傳曰左副承宣許遞副護軍
鄭顯英差下0 傳曰左承宣許遞副護軍金甲洗差下0
傳曰左副承宣許遞前承旨丁奎會差下0 宮內府 祭
官姑以散班院官員差送而若過幾年散班院減額殆盡
莫重 享官塡差無路此不得不及今變通量宜減定而

事係敬謹不敢擅便伏竢　上裁敢　啓　答曰　社稷

宗廟　永寧殿　景慕宮事體自別　大享時初獻官以

下品秩照舊辦理倘遇乏人各衙門大臣以下無碍塡差

以重　祈典其餘執事之可減者與外他　享所祭冠並

令本府參酌磨鍊0 議政府即接軍務衙門牒呈內以爲

開城地處衝要不可無妥員承辦該中軍今姑改差當由

該營自辟而新定事目頒布前自本衙門權爲擇送恐合

事理以副護軍高永鐸差送事報請轉奏爲辭矣此時此

任不可無權宜擇送之擧依所請施行何如　傳曰允0

承宣院　啓曰新差下左副承宣丁奎會在外上來　下

諭事　傳曰許遞副護軍尹相翊差下0 傳曰前校理李

著宰徐相勛並侍講差下前修撰金鎭達韓正愚並侍讀

差下

二十四日

藥房日次問　安　答曰知道 王大妃殿氣候一樣

中宮殿氣候安順卿等不必入侍矣0 答都憲李泰容辭

疏曰省疏具悉卿其勿辭行公0 壯衛營本營移接于前

禁衛新營之意敢 啓 答曰知道0 答左贊成金壽鉉

辭疏曰省疏具悉卿其勿辭行公0 承宣院 啓曰新差

下左承宣尹相翊右副承宣鄭顯英在外上來 下諭事

傳曰並許遞副護軍鄭寅燮金敎獻差下0 宮內府主事
前主簿尹鎭佑前主事朴鏞和幼學鄭喬差下

二十五日

大殿誕日百官問 安 答曰知道0 謝恩 永懷園令
李章憲判中樞院事 經筵大學士侍講院貳師金永壽
學士尹容善副學士金春熙侍講徐相勛部將李國憲李
容浩定平府使鄭泰奭內務衙門主事李興柱安奎大吳
在豐0 傳曰左承宣許遞僉中樞金德洙差下0 傳曰別
軍職李鳳儀趙羲淵安駉壽李裕寅洪啓薰洪鍾厚閔泳
綺尙稷鉉申慶均申性均朴準成白命基南命善李漢英

李紹榮並減下0 答內務叅議朴準陽辭疏曰省疏具悉
爾其勿辭察職

二十六日

侍講院新 除授輔德閔宗植司書金有濟在外上來
下諭事 傳曰允0 答都憲李泰容辭疏曰省疏具悉連
事煩瀆酬應不便卿其勿辭行公0 傳曰記事官以曾經
翰圈人單付0 傳曰直殿待制會薦0 答行判敦寧李昇
應疏曰省疏具悉卿懇愼節奉慮所辭敦銜今姑勉副卿
其安心調理仍 傳曰此批答遣史官傳諭0 奎章閣直
殿待制會薦事 名下矣學士李承五郎爲牌招以爲會薦

之地何如　傳曰允0 答左贊成金壽鉉辭疏曰省疏具
悉此時酬應亦涉支煩卿其勿辭卽爲肅命0 議政府湖
西宣撫使鄭敬源向以三南兼差而見今事有難兼行
三道更以兩湖宣撫使改付標嶺南宣撫使另以都憲李
重夏差下使之馳往宣撫　朝廷德意仍察吏治臧否民
生疾苦一體登　聞事分付何如　傳曰當下綸音矣0
王若曰嗟我嶠南多士庶民尙明聽哉予惟凉德治不徯
志政紊於上民困於下馴致隣國動兵四郊多壘哀我生
靈何罪何辜農商失業飢渴莫救保抱携持顚連道路慘
惻之狀森然在目中夜屢興丙枕何安惟爾一省士民或

先賢後裔或古家大族被服詩禮世樹風敎憂國愛君之
念根於天性宜其明辨義理深察時勢惟寧邦綏民之是
思而夫何近日聽聞駭瞠一唱百隨在在聚黨自犯干紀
之科以遣君父之憂也嗚呼爾等以乃父乃祖之子若孫
亦豈忍負國家而害生民乎予固知爾等必無是也惑者
聞國家之多難愚忠?激不知所裁時則無賢守宰良士
夫能以理義時勢曉喩爾等也故相率爲擾不知自陷於
背戾也歟不然豈有是也嗚呼爾等非憂國愛君之人乎
今爾等鬧一日則國受一日之害君有一日之危爾等何
忍爲之譬如爲人子者父母有急病當對證投劑順氣而

治何忍以庸醫毒劑反添父母之病乎嗚呼爾等非君父
之亦子乎今君父諄諄然曉喩而終不率化則是不父其
父也予雖爲迷子愛而庇之國有司法必不貸汝至若墨
倅猾吏之爲爾等蟊賊子重己苛稅之爲爾等痌瘝者己
令道臣覈使鋤除之蠲罷之更無爲爾等所疾苦矣其各
安業以紓我宵旰耿耿之憂故玆敎示想宜知悉0 宮內
府直殿(落點)朴台熙趙漢國嚴柱完待制(落點)趙重穆徐晩淳
趙漢元0 下直端川府使洪鍾厚利川府使南廷綺廣州
中軍具然郁永宗僉使鄭健植陰城縣監尹泌興德縣監
尹錫稹稷山縣監朴宣陽居昌府使丁觀燮0 謝恩議政

府主事張台煥安錫弘洪慶勳安殷鼎朴汶錫金鳳煥金
明鎬鄭允永金準用金善鎰度支衙門主事李範臣軍務
衙門主事鄭宅鎭靑山縣監趙萬熙少尹池錫永內務衙
門主事金孝益

二十七日

謝恩左贊成金壽鉉議政府主事張鴻植內務衙門主事
閔德行軍務衙門主事金學淵李慶允金俊植0 傳曰各
殿宮別入直撤罷0 傳曰領宗正自六月二十一日使之
自內入處矣自今日依前爲之0 傳曰黜貪懲虐何時不
嚴而迨此更張之初尤宜申明舊典前南陽府使任稺宰

令義禁司知事通衢開坐嚴刑一次後施以遠惡島定配
當日押送0 答內務協辦李埈鎔疏曰省疏具悉此時特
授意豈徒然其在分義情理固不當如是爲辭矣0 答工
務叅議趙民熙辭疏曰省疏具석爾其勿辭察職0 傳曰
都承宣許遞前望單子入之金學洙　落點0 軍務衙門
右別將李敏兢千總李起周騎士將申永熙李源佑李敏
祚全舜基金榮浩소官姜仁必金基泳0 承宣院　啓曰
記事金教悳在外上來　下諭事　傳曰允0 壯衛營軍
司馬卞鍾獻改差代副司果李舜夏差下0 議政府卽伏
見慶尙監司趙秉鎬狀本　啓下者則寧海民擾又作而

至於? 出本官之境矣雖未知緣何激變而民習之頑悖
極爲駭惋此不可尋常處之嶺南宣撫使李重夏兼差按
覈使使之先往該邑査實登　聞後　稟處何如　傳曰
允0 下直馬島萬戶鄭俊儉安興僉使崔敬國臨淄僉使
趙義宗長串僉使金載羽定平府使鄭泰奭楊口縣監任
昌鎬利仁察訪金永濟0 謝恩宣傳官申龜鉉李起豊典
設主簿洪淳一機器司事李健弘加背梁萬戶金漢奎學
務衙門主事李鳳稙富平府使姜泰喜学樂主事堯璇
章陵叅奉孫永熙0 工務衙門主事幼學朴勝轍李圭三
鄭熹煥鄭漢永金世顯白英默 啓下0 二十二日外務

衙門主事幼學印東植李容教張起淵朴琦桓楊琮烈進士高義敬 啓下0 內務衙門主事司勇李鳴善進士鄭肯朝幼學鄭寅德金永季尹瑁錫吳相鶴吳在豐李興柱洪慶植金孝益廉圭桓安奎大並 啓下

二十八日

下直富平府使姜泰喜古城僉使金洪鍵0 謝恩議政府主事韓敬履工務衙門主事金世顯鄭憙煥鄭漢永 社稷令金淳秉摠禦營把總吳大泳延豐縣監徐相鶴 康陵令金永淑0 答內務協辦李埈鎔辭疏曰省疏具悉連事煩瀆一向靳持徒損事體所辭中內務協辦之銜令姑

依施0 傳曰內務協辦有闕之代都憲兪吉濬差下都憲有闕之代宮內府叅議趙漢國差下0 傳曰前日內兵曹所管事務結束色各項擧行均着宮內府변理0 議政府向以南陽府民擾罪人鄭寅植令道臣嚴覈登 聞事草記蒙 允矣卽見該道臣查 啓下者鄭寅植間己自現而供稱始於輪通之來只送一奴及其起擾之時適出遠鄉今此横? 皆出於李君玉之誣招云囚供之專事發明雖甚痛惋卞質無路不得不傳諸罪疑之典鄭寅植既經蔭職京畿監司洪淳馨暫加義禁司知事銜使之開坐營庭嚴刑一次遠地定配何如 傳曰允0 議政府寧海府

使金興洛仍念金興洛素負重望明於大義當此有事之
時固知其聞命直赴而家在道內令地方官勸起使之除
朝辭斯速赴任何如　傳曰允0 又草記因內務衙門草
記天安群守金炳洙改差事　允下矣天安郡守單金炳
塾0 奎章閣前檢書官申廷植金容純本閣密書主事差
下0 經理廳　　領官柳冀先改差前僉使金在興差下0
義禁司謹依　傳教內辭意南間囚罪人任穉宰拿致通
衢嚴刑一次訊杖第三十度後全羅道興陽縣鹿島定配
而具罪目發遣府羅將當日押送何如　傳曰允
　　　二十九日

統衛營本營文安尹　鎭佑移職代內務衙門主事金裕曾
差下0 宮內府記事二單金敎悳吳衡根0 答僉中樞院
事尹起晉疏曰省疏具悉爾言是矣0 經理廳兵房(落點)李
根澔鄭騏澤申宅熙0 宮內府 宗廟署　奉李健重左
通禮尹　燮　恭陵　奉張志永　永禧殿　奉金瀅根
太僕寺主事金思弼徐相璟內乘具昆書0 傳曰漢城判
尹許遞前望單子入之申奭熙　落點0 統衛營本營軍
司馬兪鎭贊改差代文學尹斗炳差下0 答工務　議趙
民熙辭疏曰省疏具悉爾其勿辭察職0 謝恩工務衙門
主事朴勝轍學務衙門　議兼大司成李熹翼0 學務衙

門主事幼學金用濟李喜澈邊庚善朴基福李道均吳顯
益李春榮金禎潤金圭鉉洪在疇 啓下

三十日

藥房日次問 安 答曰知道 王大妃殿氣候一樣
中宮殿氣候安順傾等不必入侍矣0 宮內府前主事尹
甲炳全畯基幼學徐宅煥 本府主事車下0 外務衙門

亨善柳? 李대斗羅用學權鍾國0 議政府薦望忠淸兵
使(落點)李長會許璥徐廷圭0 答司錄劉載斗疏曰省疏具
悉己有於日昨如此疏之批矣0 以忠淸監司李? 永
啓本罪人趙秉式沔川郡投畀事 傳曰放0 議政府卽
伏見全羅右水使李圭桓狀本 啓下者則東徒數千名
不意入城打破軍器庫所存軍器一一搜去將校所帶環
刀及民戶什物沒數奪去至於公錢見奪之境云矣近日
匪類之出沒沿邑掠奪軍器在在有之各地方官並由道
師臣 啓請拿問而豈料水營重地不能先事備禦任其
搶掠而莫之禁乎揆以戎政極爲駭然 判付內旣有勿

待罪之命而末可以事出不意全然衾屬該水使姑先從重推考仍令嚴飭所屬邑鎭該匪徒刻期緝捕先斬後啓所失軍器等物一一推還入庫後報來無或延緩致干重究之意三懸鈴行會何如　傳曰允0 內務衙門會寧府使金秉億高陽郡守趙容九機張縣監李駿弼俱以身病呈狀乞遞並改差何如　傳曰除拜旣久尙不辭朝今來辭狀是何道理卽速申飭下送0 經理廳本廳副領官李璿載改差代前僉使成夏泳差下0 宮內府本府事務浩多幼學李慶莘劉永浩朴瀅善崔弘俊劉鎭容並委員加差下0 軍務衙門칭營軍司馬新差二員單望金炳卨

安弼相0 又草記主事鄭文永張錫鼎尹泰晉金惟性李寅晥崔其性李東赫金有植金致權河正龍安大亨　啓下0 又草記內禁將田慶豊0 宮內府宗正府典籤洪顯昇典簿金炳薰主事李斗淵李載洪敦寧院主事李世永金益慶儀賓院主事李鶴林宗伯府主事安志承蔡相夏奉常寺主事尹榮洙金東薰金瀅根尙衣院主事朴容泰姜泓司饔院主事洪祐澤李虎榮尹宇榮掌樂院主事鄭海年安必壽金堯璇典牲署主事閔廷植權鍾哲通禮院贊儀閔載德禁漏主事韓應錫彭興周0 下直奉化縣監高永喆0 慶尙道宣撫使兼按撫使李重夏出去0 謝恩

工務叅議宋憲斌議政府主事趙重應壯衛營軍司馬李舜夏法務衙門主事閔奎儀申敬植安國楨金漢柱外務衙門主事張起淵奉常主事尹榮洙金瀅根金東薰經理廳叅領官金在興記事官金敎悳自如察訪韓敬根 永禧殿令徐周輔　景慕宮令金東熙

官 報 開國五百三年八月初一日

謝恩左通禮尹皡燮學務衙門主事金禎潤0 傳曰輔德許遞前望單子入之李埈鎔落點0 義禁司草記罪人朴泳孝謂有鳴寃冒呈原情而罪名至重不敢捧入事 傳曰知道捧入0 院議啓曰卽伏見義禁司草記 傳敎下者臣愕然驚心竊不勝憂歎之至噫此罪人負犯至重關係尤大溟渤逃命王章久未得伸象魏懸法?情去益莫洩値國家之有事謂此時之可乘突爾呈身肆然鳴寃少無顧忌極爲駭惋臣憂憤所激玆敢冒瀆伏乞亟寢原情捧入之命嚴降 處分以正邦憲惶恐敢啓 答曰卽爲

捧入0 院議再啓曰伏見 批旨下者有罪人朴泳孝原情捧入之 命臣滿心驚愕惝恍失圖噫此罪人罪惡貫盈干犯至重卽一窮古亘今所未有之亂逆也三尺之幸逭縱緣越海而逃命一縷之尙延愈切神人之共憤向者支屬之旋有己是失刑之大者而値玆艱虞之時敢生?試之計跳踉無憚肆然呈單有若尋常輕囚之有寃自鳴者究厥情跡凶且慘矣臣之此言非臣一人之言卽一國大同之言也伏乞 聖明廓揮乾斷亟寢成命嚴鞫得情以施當律惶恐敢啓 答曰卽爲捧入0 義禁司草記罪人朴泳孝原情捧入事 命下矣捧入敢啓 傳曰知道

0 又草記罪人趙秉式放送事分付事 傳曰知道0 傳曰見今彊域多事杼軸俱空爲民祈望惟在穡事之有秋而聞嶠南旱災殆過半省收穫之前歉形己判云四載?荒之餘瓶粟無儲哀我赤子將何以生念彼溝壑顚連之狀不覺丙枕之餘輿特下錢五萬兩令宣撫使與道臣爛商被災各邑爲先酌量分排實心賑濟以體予惓惓如傷之至意0今日拜辭中下直喬桐府使李圭常

官 報 開國五百三年八月初二日

親軍經理廳草記本廳軍司馬兪鎭贊改差代前校理徐相允差下使之察任何如 傳曰允0 尙衣院草記今八月朔平安監司封 進長樂春雲眞墨趂不封 進以致闕供之境事體所在誠極未安該道臣 不可無警推考元進上墨姑待封 進之意敢 啓 答曰知道0 答判樞院事申正熙疏曰省疏具省卿其勿辭從便歸覲0 承宣院啓曰扈衛副將申正熙以관親事忠淸道鎭川地出去矣所佩虎符傳令牌何以爲之而將兵之任不可一刻無摠察之人何以爲之敢 稟 傳曰仍佩往來統衛使兼

察0 傳曰直殿朴台熙馳詣 仁陵奉審摘奸仍? 監
祭仍詣 獻陵一體奉審以來0 答度支衙門大臣魚允
中疏曰省疏具悉此時此任何可輕遞卿其勿辭行公0
軍務衙門草記謹依統長金道春口 傳下敎親軍龍虎
營新營移接北一營將卒依例守直之意恭呈 御覽踏
啓字0 承宣院啓曰扈衛副將統衛使兼察事 命下矣
兼察扈衛副將李埈鎔卽爲牌招聽 傳敎何如 傳曰
允0 傳曰右承宣馳詣 文廟奉審摘奸仍詣 啓聖祠
一體看審以來0 宗伯府草記 文廟釋奠祭祭官當爲
진差而時無職名人趙鎭萬金奎行柳冕鎬梁善謨中樞

院員外郎單付何如 傳曰允0 議政府草記本府都憲
兪吉濬日前移拜內務協辦矣臣付事事草刱專? 該員
幹當而今若捨去實多妨礙請兪吉濬還任原職新差都
憲趙漢國換授內務衙門協辦俾公務兩便何如 傳曰
允0 議政府草記卽見全羅監司金鶴鎭狀本 季夏者
則全州士民聯名呈狀諸條中有關國計冀蒙 處分者
七條一葉錢五萬兩公貨中貸下燒戶結搆後限五年排
納事一癸巳條各面稅米未收五千五百五十六石依戊
子例每石以二十五兩收捧府內四面稅納未收五百二
十石特爲蠲减事一各年舊未納米太四千二百三十五

石詳定代捧軍布三十五同二十? 十三치尺錢代捧事
一洑稅及雜稅革罷事一限年陳結二百三十結什負更
爲蠲稅事一轉運所新? 雜費量餘勿施事一均田畓濫
捧賭租與舍音下隷之獘禁斷事也第惟完府卽　國家
豐沛之地所重逈別而一自匪類猖獗以後民戶蕩殘人
口仳離便經滄桑浩거念之慘惻宜有體恤其燒戶結搆
之資以公錢五萬兩貸下限五年排納事癸巳條稅米未
收五千五百五十六石每石以二十五兩收捧五百二十
石蠲減事已上兩條並特爲許施各年舊未納米太軍布
旣令査報待道內都成冊報來　稟處洑稅雜稅已有十

年以後新? 稅並罷之令不必更論限年陳結待年分更
爲　稟處轉運所雜費量餘等名目向因廉察使論　啓
令道臣摠務官爛商釐整自可遵辦均田畓濫捧各獘亦
令道臣從嚴究核這這痛禁事分付何如　傳曰允0 軍
務衙門廣梁僉使單李圭殷羽林衛將單鄭熙悅0 下直
茂山府使李敎文0 謝恩贊儀閔載德鴻? 李昌善申奎
善金龍圭尹亨善李台斗羅用學權鐘國摠禦副將李敏
兢千摠李起周典牲主事權鍾哲閔廷植儀賓主事李鶴
林部將梁佶洙司饔主事洪祐澤經理廳軍司馬徐相允
0 下直安東府使李喜元漣川縣監趙明植機張縣監李

駿弼0 前副護軍韓耆東上疏大槩敢陳懇迫之私冀蒙
矜諒之恩事入 啓

官 報 開國五百三年八月初三日

答副護軍韓耆東疏曰省疏具悉此時此任意豈徒然卿
其勿辭卽爲肅命從便往來0 傳曰右承宣馳詣 社稷
奉審摘奸以來0 死罪臣朴泳孝原情臣矣身以世祿之
裔臣父子兄弟特被 寵遇並叨榮祿臣父子感激 殊
私不知攸報臣父元陽常戒臣兄弟曰爲國圖報不避危
難臣年幼識淺雖聞其言而不解其意徒以仰答 聖恩
之萬一爲心耳不能辨事理之順逆乃至甲申之冬伏見
時事日艱國勢漸衛不勝憂憤之心欲行矯捄之道丹忠
未効惡名遽加上貽 君父之憂下延家門之禍父母兄

弟死亡殆盡一身飄零逋逃異域以臣之負犯不容一刻
延存於覆載之間而臣一生矢心蒼天可質若不一番暴
白自經溝瀆則黜味惡名千秋難洗是以含垢忍恥流離
瑣尾殆近一紀之久矣竊伏聞近者 聖朝治化更新蕩
滌瑕穢臣不勝歡忭繼以感泣歸死故國庶在今日仍伏
念臣此行但願再瞻 天顔畢訴區區之衷一也得見父
母兄弟之骸骨而歛葬之二也此願獲逐雖退死溝壑亦
無所恨臣旣獲罪於 君上貽禍於父母直天地間一窮
人耳僑寄日本十有一年寢不能安食不能甘不蓄妻孥
之私不叅音樂之娛蚤夜憂惶惟望我 聖上之見諒今

者來伏城外己經多日而 九重深遠寸誠莫達謹泥首
俯伏待 命于江陰伏乞天地父母俯鑑臣危苦之衷
曲察臣之斷斷無他令司敗議其逋慢違 命之罪斧鉞
湯? 亦所甘心惶隕罔措不知所達0 親軍統衛營草記
本營右隊右叅領官黃憲周改差代隊官趙慶相差下使
之察任何如傳曰允0 親軍壯衛營草記本營軍司馬李
舜夏身病深重勢難察任今姑改差何如 傳曰允0 前
禁府都事韓學洙金文鉉圍籬安置加棘後入來0 謝恩
濟衆主事韓學洙0 謝恩內禁將田慶豊宗伯府主事安
志承蔡相夏司饔主事尹宇榮軍務主事金顯? 張錫鼎

全惟性尹泰晉崔箕性李泰赫敦寧主事李世永金益慶
經理廳副領官成夏永軍務主事李寅晩景陵令李載徹
宗正府主事李斗淵李載洪典籤洪顯昇宮內府主事兪
鎭容0 七月十九日政事中故吏叅趙奎年 贈吏判前
工曹判書趙熙一考故正郞趙東奭　贈吏叅前禮曹叅
判趙鼎九考

官　報　開國五百三年八月初四日

工務衙門草記新除授黃海道麒麟察訪洪元杓家在本
道除朝辭赴任事本道觀察使處行會何如踏　啓字0
傳曰在外漢城判尹許遞0 傳曰奉審閣臣入侍0 院議
啓曰卽伏見　傳敎下者則有朴泳孝罪名特爲爻周之
命臣愕然失圖繼切憂憤從古亂逆夫何限而豈有如此
罪人之負犯罔赦者乎背國孤恩自有　王章之莫逃越
海? 跡是豈人臣之可忍似此凶悖不正當律只推好生
之德遽施寬宥之典則邦憲無由以得伸? 憤無由以得
洩伏乞　聖明淵然深思亟寢成　命焉惶恐敢　啓

答曰知道自有斟量卽爲頒布0 開城? 守書目上疏上送事 啓答曰省疏具悉此時此任何可輕遞卿其勿辭益勉保釐之責0 承宣院 啓曰密符親納例也而前喬桐防禦使李裕直謂有身病使其編裨替納事甚未安推考何如 傳曰允0 當該閣臣從重推考事 搨前下敎0 傳曰內務協辦趙漢國都憲曹寅承換差0 答都憲李泰容疏曰省疏具悉此時此任何可輕遞卿其勿辭調理行公0 七月十九日政事中故叅判尹喜容 贈左叅贊例兼五子登科依法典 贈職0 謝恩宣傳官李龍儀典簿金炳薰

官 報 開國五百三年八月初五日

下直江原監司金升集沔川郡守趙重夏智島萬戶韓弘旭0 謝恩宮內府委員李慶莘劉鎭容廣梁僉使李圭殷永禧殿叅奉金瀅根部將洪駿杓羽林將鄭熙悅壯衛營隊官李承奎軍務主事李普熙崔炳斗 泰陵令趙梃0 傳曰左副承宣許遞僉中樞慶裕差下0 龍虎營統衛營叅領官單趙慶相0 謝恩左副承宣尹祖榮0 院議再啓 答曰知道己有前批卽速頒布0 傳曰向日朴泳孝事論其形跡則孰不曰可誅察其心曲則實有可原今見原情十年漂伯之餘猶不忘戀國之心罪名特爲爻周以

示寬大之意0 答時原任大臣聯名箚曰省箚具悉卿等之己今此處分實爲好生之事也以若老成應可諒之仍傳曰此批答遣史官傳諭0 答玉堂聯名箚曰省箚具悉已有斟量者存焉0 今初二日拜辭中謝恩議政府參議朴永斗

官　報　　開國五百三年八月初六日

下直加背梁萬戶金漢容廣梁僉使李圭殷延豐縣監徐相鶴0 謝恩內務協辦曹寅承警務官李鼎純許梅統衛營叅領官趙慶相尙衣主事朴容泰議政府主事朴泰楨李建昇宮內府主事徐宅煥右副承宣洪必裕0 傳曰龍虎營合付於統衛營0 傳曰有實病侍講許遞前校理趙寧九差下侍讀未差之代前校理李範仁差下0 傳曰說書許遞前望單子入之閔泳復　落點0 答弼善朴昌緖疏曰省疏具悉爾其勿辭從便往來0 軍務衙門草記本衙門判任主事二員姓名後錄恭呈　御覽0 主事蔡章

默曹錫訥踏 啓字0 又草記摠禦騎士將五員改差之
代單望後錄恭呈 御覽0 騎士將金炳? 李敏輿徐範
淳李弼榮李寬植踏 啓字0 經筵廳草記新差下侍講
趙寧九時在楊州地 經筵入番事緊請斯速乘馹上來
事 下諭傳曰允0 又草記新差下侍讀李範仁卽爲牌
招察任何如 傳曰允0 軍務衙門草記摠禦哨官二員
東道叅軍旣已汰去其代單望後錄恭呈 御覽0 哨官
李泰來柳錫奎李康憲踏 啓字0 摠禦營草記騎士將
金炳堯尙在任所領軍之職久曠可悶改差何如 傳曰
允0 經理廳草記兵房李根澔有身病勢難察任今姑改

差何如 傳曰允0 奎章閣草記 景慕宮望廟樓今秋
大奉審臣台熙與 本宮提調李載冕宗正卿進詣 展
奉奉審無頉之意敢 啓傳曰知道

官 報　開國五百三年八月初七日

下直昌洲僉使李允恆天安郡守金炳塾松禾縣監趙重軾0 謝恩羅州牧使朴世秉摠禦騎士將徐範淳李寬植李弼榮　厚陵叅奉金鍾振0 親軍壯衛營草記本營右炮隊隊官李錫璡改差代前訓鍊院僉正趙能顯差下使之察任何如　傳曰允0 傳曰別軍職尹亨大崔俊相南承祐並減下前守奉官李起聲別軍職差下0 議政府草記卽接軍務衙門牒呈內以爲晉州營將鄭熙悅身病呈狀乞遞已爲　啓遞其代以前縣監朴英鎭　啓差事報請轉奏爲辭矣依所請施行何如　傳曰允又草記卽接

軍務衙門牒呈內以爲本衙門主事任麒鎬身病呈狀乞遞卽爲　啓遞後其代以壯衛營文案金益昇　啓差事報請轉　奏爲辭矣依所請施行何如　傳曰允0 又草記現任將臣不宜兼任各府衙協辦事議案　啓下矣軍務協辦趙羲淵工務協辦安駉壽改差其代臣當日會同各衙門大臣議薦備望取　旨點用之意敢　啓踏　啓字0 軍務衙門草記臨津別將金振聲旣已邊轉矣其代單望後錄恭呈　御覽0 臨津別將黃信浩踏　啓字0 外務衙門草記痲浦查驗之設爲句覈漏稅也現商務蕭索冗費可念查驗所姑爲革罷何如　傳曰允0 外務衙

門草記三港口幇辦原屬冗官今於官制更張之時不可無變通並減下何如 傳曰允0 議政府草記卽接外務衙門牒呈內以爲三港監理依議案 啓下單望選送報請轉 奏矣依所請施行何如 傳曰允0 軍務衙門草記荏子島僉使林奉雲作窠代折衝金東肅差下單望後錄恭呈 御覽0 荏子島僉使金東肅踏 啓字0 軍務衙門草記沁營兵房旣已罷黜其代單望後錄恭呈 御覽0 沁營兵房黃憲周踏 啓字0 議政府草記本府主事鄭夏默在外今姑改差其代前司勇丁在寬差下之意敢 啓踏 啓字又草記本府主事金仁植警務副使陞

差代進士鄭鳳使差下使之察任之意敢 啓踏 啓字0 議政府仁川港監理單朴世煥元山港監理單金夏英釜山港監理單奏尙焉0 議政府薦望工務協辦李道宰朴鳳彬柳冀大落 點工務協변李道宰0 宮內府 純陵叅奉李濬在0 議政府濬望軍務協辦白樂倫權濚鎭趙東勳落點軍務協辦白樂倫0 傳曰左承宣右副承宣並許遞僉中樞趙秉翊內務叅議朴準陽差下

官　報　開國五百三年八月初八日

宮內府草記　明陵叅奉宋敎淳　徽慶園叅奉鄭昌時俱以身病呈狀乞遞並改差何如　傳曰允　徽慶園叅奉改差置之0 宮內府　明陵叅奉金奎復0 軍國機務處草記今日是會議之期而議員過半不進以致停議揆以事體萬萬駭然未進議員並捧現告從重推考事　傳曰允0 從重推考現告人金允植魚允中李允用金宗漢金嘉鎭權? 鎭李源긍金夏英權在衡0 軍務衙門草記摠禦營左一番騎士將金炳堯改差代單望後錄恭呈御覽0 騎士將申豊熙踏　启字0 下直靑山縣監趙萬

熙0 謝恩摠禦騎士將李敏輿　綏陵叅奉成樂善長水縣監李章鎬外務主事印東植壯衛營軍司馬金弼鉉仁川港書記宮睦裕信右副承宣朴準陽奎章閣圖書主事朴鏞? 全修默寫字主事李熙圭金東勛幕嶺萬戶車錫恆

官 報 開國五百三年八月初九日

答義和君堈箚曰省箚具悉爾懇所辭中敎銜今姑許副
爾其諒之仍 傳曰此批答遣史官傳諭0 議政府草記
卽見慶尙監司趙秉鎬狀本 啓下者則以永川郡亂民
數千名各持槍棒突入官衙破窓壁燒軍案毁撤人家屯
聚作梗爲辭矣近日嶺外民志不靖傳聞可駭今此永民
之擾擧措極其悖惡不可尋常處之寧海府按覈使李重
夏使之事竣後馳往該郡嚴覈登 聞前郡守洪用觀道
啓雖已請罪政無所失豈至於此乎待覈 啓更爲 稟
處何如 傳曰允0 傳曰領敦寧有闕之代領宗正永平

君爲之0 奎章閣草記秘書主事申廷植以其親病勢難
供職今姑減下何如 傳曰允0 親軍摠禦營草記本營
兵房申性均身病甚重勢難察任今姑改差何如 傳曰
允0 宗伯府草記祭官叅酌磨鍊事 命下矣照舊叅今
另具別單以入之意敢 啓 答曰知道

官　報　　開國五百三年八月初十日

謝恩外務主事朴琮烈典書官鄭光澈軍務主事金益昇蔡章默曹錫訥統虞侯李漢相壯衛營副領官李彰烈0 藥房　啓曰伏未審日間　聖體若何　寢睡水剌之節何如臣等率諸　御醫趁早入　診詳察　聖候爲宜　王大妃殿氣候何如　中宮殿氣候何如臣等不任區區伏慮敢來問　安並此仰　稟答曰知道　王大妃殿氣候一樣中宮殿氣候安順卿等不必入侍矣0 答記注李喜和疏曰省疏具悉0 傳曰機張縣監李駿弼除拜踰月尚遲赴任擧措狡惡爲先削籍爲民0 宮內府草記前假

監役李台淳幼學宋憙玉並繕工主事差下何如　傳曰允0 內務衙門草記秦任主事兪星濬朴羲滗李瑍俱以身病呈狀乞遞並改差何如踏　啓字0 又草記秦任主事兪鎭贊陞移代副司果李謙容兪星濬改差代副司果姜冕熙金裕曾移差代前監役曹協承差下之意敢　啓踏　啓字0 又草記秦任主事朴羲滗李瑍改差代幼學李範德沈宜翊並判任謹具摺單恭呈　聖鑑踏　啓字0 統衛營草記隊官趙慶相領官陞差代出身朴浩善差下事　傳曰允0 內務衙門草記漢城府今爲本衙門所屬矣漢城府主簿尹喆圭中部令李相億南部令洪淳七

東部都事趙哲夏西部都事李重崙中部都事南相鳳並
漢城府奏任主事差下之意敢 啓踏 啓字0又草記
幼學尹永錫漢城府主事判任謹具摺單恭呈 聖鑑踏
啓字

官 報 開國五百三年八月십一日

宮內府草記 綏陵叅奉成樂善以其身病呈狀乞遞改
差何如 傳曰允0 宮內府 綏陵叅奉趙宅熙0 義禁
司草記黃海監司金奎弘狀 啓內不有營題擅自發行
之遂安郡守玄興澤罪狀令? 司 稟處事 啓下矣令
개道臣使之泒員押上何如 傳曰待待命拿囚0 傳曰
右承宣許遞北青府使李輔榮差下0 承宣院 啓曰新
差下左副承宣李輔榮時在咸鏡道北青府任所斯速乘
馹上來事 下諭何如 傳曰許遞前望單子入之趙秉
翊 落點0 議政府草記卽接軍務衙門牒呈內以爲晉

州營將鄭熙悅身病呈狀乞遞已爲　啓遞其代以前縣監朴英鎭陞三品　啓差事報請輔　奏爲辭矣依所請施行何如　傳曰允0 司僕寺草記本寺馬匹見今闕額頗多秋夕祭去馬令各宮房貰用何如　傳曰允0 議政府草記卽接內務衙門牒呈內以爲本衙門叅議朴準陽移拜承宣其代本衙門主事兪鎭贊陞三品差下事報請轉　奏爲辭矣依所請施行何如　傳曰允0 議政府草記晉州營將朴英鎭　啓差已有日矣此時此任不可暫曠使之當日給馬下送何如　傳曰允0 宮內府草記本府叅議有闕之代僉知中樞院事李始榮差下何如　傳

曰允0 軍務衙門草記統衛營隊官趙慶相陞差代單望後錄恭呈　御覽0 統衛營隊官朴浩善踏　啓字0 軍務衙門草記摠禦營兵房申性均改差代三望後錄恭呈御覽0 摠禦營兵房趙存禹踏　啓字0 傳曰今初九日宮內府叅議內務叅議差下傳敎還入0 下直沁營中軍黃憲周咸鏡中軍李庚翼幕嶺萬戶車錫恆0 謝恩　明陵叅奉金奎復齊陵令金鎭九壯衛營隊官趙龍顯議政府主事丁在寬0 尙衣主事姜泓榮柴? 監刈事楊根地出去

官 報 開國五百三年八月廿二日

傳曰未肅拜侍講侍讀許遞前校理李胤鐘尹悳榮差下

0 以司謁口傳 下敎曰知中樞趙熙一特資閱月尙不

出肅此時道理豈容若是其委折知入0 答外務叅議金

容元疏曰省疏具悉爾其勿辭察職0 答開城?守李容

稙疏曰省疏具悉所請依施0 以玄興澤囚單子 傳曰

特爲分揀放送0 親軍壯衛營草記本營軍司馬金弼鉉

身病甚重勢難察任今姑改差何如 傳曰允0 奉常寺

草記 祭享所用秋等中脯今月十二日始造之意敢

啓0 侍講院草記新 除授說書閔泳復時在忠淸道堤

川地 書筵入番事緊斯速乘馹上來事 下諭何如

傳曰允0 親軍統衛營草記本營軍司馬尹斗炳改差代

侍讀李範仁差下使之察任何如 傳曰允0 京畿監司

狀 啓富平府使姜泰喜今月十一日身死事0 謝恩仁

川港監理朴世煥摠禦兵房趙存禹釜山港監理秦尙彦

內務叅議兪鎭? 漢城主事洪淳七尹喆圭摠禦哨官尹

泰來副護軍朴英鎭

官　報　　開國五百三年八月十三日

答領敦寧李景應箚曰省箚具悉卿己愼節奉慮所辭敦衘今姑勉副卿其安心調理仍　傳曰此批答遣史官傳諭0 傳曰領敦寧之代領宗正爲之0 外務衙門草記釜山港書記官李承建身病改差代幼學金冕秀差下何如踏　啓字0 親軍壯衛營草記本營軍司馬金弼鉉改差代副司果高永錫差下使之察任何如　傳曰允0 奉常寺草記各　陵園秋夕祭享所用藥果煎造後進上看品二十立依定式封進之意敢　啓　答曰知道0 忠淸監司書目上疏上送事　啓　答曰省疏具悉此時此任意

豈徒然卿其勿辭往欽哉0 經筵廳草記新差下侍講李胤鐘侍讀尹悳榮並卽牌招察任何如　傳曰允0 宗伯府草記　綏陵陵上莎草修改吉日時今八月十六日巽時推擇　啓下矣在前　陵上莎草修改時有設都監擧行之例亦有因　特敎政府以下進去監董之例今番則官制更改臣府不敢擅便磨鍊何以爲之乎敢稟　傳曰原任大臣小宗伯除下直進去0 官內府草記本府事務轉益浩多內務衙門主事吳在豐委員移差何如　傳曰允0 親軍統衛營草記本營右副領官具周鉉改差代前郡守玄興澤差下前主事李學均隊官加差下使之察任

何如 傳曰允0 宮內府領敎寧單李載冕0 議政府草
記開城? 守李容稙今旣疏遞矣其代臣當日會同各衙
門大臣議薦備望取 旨點用之意敢 啓踏 啓字0
又草記北靑府使機張縣監有闕之代臣當日會同各衙
門大臣議薦備望取 旨點用之意敢 啓踏 啓字0
議政府開城留守薦望李敎榮尹瀗趙東弼 落點開城
留守李敎榮北靑府使單望李源兢機張縣監單望孫庚
鉉0 內務衙門草記會寧府使金秉億至蒙 嚴旨事當
赴任而實病難强萬無遠赴之望高陽郡守趙容九 飭
敎之下身病添重亦無還官之望瑞山郡守金寓根咸昌

縣監郭致年俱以身病呈狀乞遞並改差何如 傳曰並
改差各別擇差催促下送0 議政府草記卽接內務衙門
牒呈內以僞本衙門主事兪鎭贊陞差代副司果李謙容
兪星濬改差代副司果姜冕熙金兪曾移差代前監役曹
協承並主事 啓差事報請轉奏爲辭矣依所請施行何
如 傳曰允0 又草記卽接內務衙門牒呈內以爲漢城
府今爲本衙門所屬矣漢城府主簿尹喆圭中部令李相
億南部令洪淳七東部都事趙哲夏西部都事李重崙中
部都事南相鳳並漢城府主事 啓差事報請轉奏爲辭
矣依所請施行何如 傳曰允0 又草記向日議案漢城

府少尹改稱府尹事　啓下矣漢城府少尹池錫永仍差
漢城府尹使之察任何如　傳曰允0 又草記卽接外務
衙門牒呈內以僞本衙門主事洪禹觀改差代以仁川港
書記官彭翰周　啓差事報請轉　奏爲辭矣依所請施
行何如　傳曰允0 又草記軍務衙門事務緊重不可一
日暫曠而大臣協辦俱爲在外壯衛使趙羲淵使之權行
署理大臣事何如　傳曰允0 學務大臣朴定陽上疏大
槪敢陳實病難强之狀冀蒙見銜並遞之　恩事0 知中
樞趙熙一上疏大槪敢陳危蹙之忱乞被未盡勘之律事
0 法務衙門判任主事十四人姜璡熙李命倫金永運奇

東衍皮相範宋箕鏞郭應淳柳基泳閔圭政安國楨李章
奕金漢柱申敬植李熙演踏 啓字

官 報 開國五百三年八月十四日

傳曰右承宣馳詣 宗廟 永寧殿 永禧殿 景慕宮奉審摘奸仍詣受香諸處蓬心摘奸以來0 親軍摠禦營草記本營兵房趙存禹身病甚重勢難察任今姑改差何如 傳曰允0 議政府草記即接內務衙門牒呈內以爲本衙門叅議李源兢外任代以本衙門主事李鐘元陞三品 啓差事報請轉 奏爲辭矣依所請施行何如 傳曰允0 答記注李守寅疏曰省疏具悉爾其往覲焉0 議政府草記藩臣之春秋行部卽補助之義積久廢擱實係可悶而邇來民邑事殷此時貽獘尤所當念八道秋巡並

停止畿內 陵園東北道各 陵寢奉審依近例以道內秩高守令替行事分付何如 傳曰允0 又草記卽見全羅監司金鶴鎭狀本 啓下者則以爲務案前縣監李重益金番東擾時堅守孤城一境賴安而未瓜遽遞民情惜去特爲仍任事請令廟堂 稟處矣該倅實績旣如此依狀請施行以副民望李重益移拜禮安縣監而旣仍前任禮安縣監之代以務安縣監李膺稙換差使之除朝辭赴任何如 傳曰允0 又草記此時北邑不可暫曠新差北靑府使李源兢使之當日給馬下送何如 傳曰允0 內務衙門草記本衙門判任主事李鳴善身病改差代幼學

鄭禹敎吳在豐移差代幼學李石齡並判任謹具摺單恭
呈　聖鑑踏　啓字0 經理廳兵房申宅熙0 答學務大
臣朴定陽疏曰省疏具悉此時此任何可輕遞卿其勿辭
行公0 答知中樞趙熙一疏曰省疏具悉往事何必爲引
卿其勿辭卽爲肅命0 答左贊成金壽鉉疏曰省疏具悉
所請依施0 答內務叅議李源兢疏曰省疏具悉所請依
務0 謝恩領敦寧李載冕宮內府委員吳在豊統虞侯李
漢相漢城主事李相億摠禦營哨官柳錫奎統衛營軍司
馬李範仁經筵廳侍講李胤鍾統衛營隊官朴浩善　孝
昌園令金箕一宮內府叅議李始榮

官　報　　開國五百三年八月十五日

藥房　啓曰伏未審日間　聖體若何　寢睡水剌之節
何如臣等率諸御醫趁早入診詳察　聖侯爲宜　王大
妃殿氣候何如　中宮殿氣候何如臣等不任區區伏慮
敢來問安並此仰稟　答曰知道　王大妃殿氣候一樣
中宮殿氣候安順卿等不必入侍矣0 傳曰右承宣馳詣
景慕宮奉審摘奸以來0 傳曰別軍職尹景根減下0 傳
曰都承宣許遞同中樞金裕成差下0 以宣撫使鄭敬源
啓本頒示　綸音宣布　德意撫綏生靈旣散者復聚己
解者猶結實由溺職之責臣不勝惶恐待罪事　傳曰令

廟堂稟處勿待罪事回諭0 議政府草記成川前府使沈
相萬殫誠做治邑瘼漸蘇今於遞歸之際擧切願借衷足
來訴民情旣可見矣當此有事之時迎送之獘亦所當念
特令仍任何如 傳曰允0 又草記卽見全羅監司金鶴
鎭狀本 啓下者則軍司馬宋寅會軍官前主簿金星圭
辦事精詳遇險勇赴使幾朔阻兵之魁自來請命而列邑
行切種種滋擾此兩人以道內守令勿拘差下分轄禁亂
事令廟堂稟處矣宋寅會金星圭遍行招諭使彼感悟革
面歸化其勞可尙依狀請道內相當守令待窠差送以爲
糾察之道何如 傳曰允0 又草記卽接內務衙門牒呈

則以爲會寧府使金秉億高陽郡守趙容九瑞山郡守金
寓根咸昌縣監郭致季身病改差事草記 傳曰允各別
擇差催促下送事 命下矣其代臣當日會同各衙門大
臣議薦單望開 奏冀蒙 聖鑑敢 啓踏 啓字0 議
政府會寧府使單李曾宇高陽郡守單鄭贊容瑞山郡守
單朴錠基咸昌縣監單趙霽鎬0 討逆慶科禮曹草記還
入 批答以待下敎改書下0 親軍摠禦營草記本營兵
房今當差出而擬望之人乏少外任並擬何如 傳曰允
0 知中樞趙熙一加資肅拜0 謝恩內務衆議李鍾元內
務主事沈宜翊曹協承姜完熙李石齡北靑府使李源兢

經理廳兵房申宅熙　思陵叅奉李源性漢城主事趙哲夏0 副護軍韓耆東上疏大槩荐陳悶隘之私冀蒙矜恤之　恩事入　启

官　報　　開國五百三年八月十六日

答前副護軍韓耆東疏曰省疏具悉何如是煩瀆卿其勿辭行公0 答廣州留守尹榮信疏曰省疏具悉所請依施0 黃海監司書目上疏上送事　启　答曰省疏具悉往事何必爲引卿其勿辭益勉旬宣之責0 宮內府草記社稷令李敏昌以其身病呈狀乞遞改差何如　傳曰允0 宮內府社稷令李用稙金炳旭洪祐德　落點社稷令李用稙0 司饔院草記今日忠淸道八月令　進上來到而所封生鰒全數腐傷萬無捧入之路　進獻事體何等重大而如是不謹揆以法意萬萬未安該封進官令本道捧

現告罷職道臣亦難免不飭之失從重推考領來陪持令
本道重繩　進上則還下送使之更爲封進何如　傳曰
今番則特爲安徐0 議政府草記黃州地處衝要當此有
事之時許多應接非蔭倅所可幹當該牧使李輔仁今姑
改差平山府使吳錫泳特爲移差使之除朝辭罔夜赴任
何如　傳曰允0 又草記日本報聘大使與全權公使不
可不趂速派遣臣會同外務大臣議薦備望取　旨點用
之意敢　啓踏　啓字0 議政府報聘大使朴定陽李載
完尹用求全權公使李完用朴鳳彬李容稙　落點報聘
大使朴定陽全權公使李完用0 警務廳草記仁川釜山

元山三港口泒送判任主事三員及本廳摠巡十五員監
守長一員監禁書記二員姓名開錄如左恭呈　聖鑑踏
啓字0 工務衙門成歡察訪單徐相元0 警務廳仁川港
主事單李悳均釜山港主事單沈能箕元山港主事單俞
龜煥摠巡十五單康鼎業魏洪奭高俊植金元淳李元植
金興集金在定太碩勳申錫麟趙宅顯河在龜李慶善洪
應祖金泰元韓光洙監守長單張東奎監禁書記單趙錫
求蘇興文0 軍務衙門摠禦兵房閔俊鎬0 壯衛營草記
本營兵房白性基身病甚重勢難察任今姑改差何如
傳曰允0 又草記本營隊官朴錠基外任代宣傳官趙邦

顯差下何如　傳曰允0 經理廳草記本廳隊官閔弼鎬
擧措駭妄爲先汰去之意敢　啓　答曰知道0 咸鏡監
司書目中軍金南駿七月十七日身死事0 謝恩都承宣
金裕成開城? 守李敎榮漢城主事尹永錫　順昌園守
奉官睦用鼎0 去七月二十七日謝恩議政府主事金明
鎬

官　報　　開國五百三年八月十七日

親軍經理廳草記本廳隊官閔弼鎬汰去代出身李祖鉉
差下使之察任何如　傳曰允0 議政府草記廣州? 守
尹榮信今旣疏遞矣其代臣當日會同各衙門大臣議薦
備望取　旨點用之意敢　啓踏　啓字0 又草記平山
府使吳錫泳移差代臣當日會同各衙門大臣議薦單望
開　奏冀蒙　聖鑑敢　啓踏　啓字0 又草記慶尙右
兵使閔俊鎬內移代臣當日會同各衙門大臣議薦備望
取　旨點用之意敢　啓踏　啓字0 議政府廣州? 守
洪淳馨尹用求趙熙一　落點廣州? 守洪淳馨慶尙右

兵使李恆儀徐珩淳李根豐　落點慶尙右兵使李恆儀
平山府使單李彰烈同知中樞院事單李容稙趙存夻僉
知中樞院事單洪鍾永金學洙知中樞院事單申奭熙0
又草記守令遞歸母得公私債負事前後朝飭固何如而
今見慶尙監司趙秉鎬狀本則仁同前府使李紹榮在官
未滿四朔新結錢挪用爲一千三百十三兩三分其罪狀
令廟堂稟處事　啓下矣典憲莫嚴有此冒犯極爲可駭
仁同前府使李紹榮令該司拿問定罪其家在於該道云
依狀辭嚴飭地方官捉囚家僮不日懲　刷事分付何如
傳曰允0 又草記卽接法務衙門牒呈內以爲本衙門主

事金時濟改差代以前主簿朴熙鎭　啓差事報請轉
奏爲辭矣依所請施行何如　傳曰允0 又草記卽見全
羅監司金鶴鎭狀本則羅州前牧使閔種烈特爲仍任事
今廟堂稟處事　啓下矣此倅自匪擾以後繕堞募丁四
朔守城然獨全使彼? 竄　此時撫綏之圖捍禦之責難
付新手依狀請特爲仍任仍令協同該鎭營將管下各邑
勦撫之方隨機辦理俾有終始之效何如　傳曰允0 又
草記卽接內務衙門牒呈內以爲本衙門主事李鍾元陞
差代以本衙門判任主事鄭肯朝鄭寅杓改差代以本衙
門判任主事尹瑨錫並陞差事報請轉　奏爲辭矣依所

請施行何如　傳曰允0 又草記卽伏見忠淸道宣撫使鄭敬源狀本　啓下者有令廟堂稟處之　命矣匪徒之聚돈列邑者旣承宣　諭莫不感悔而隨處猖狂之習仍復自如又聚于公州稱爲該道臣該判官願? 者至數萬名云旣云願? 而持槍放砲列陣遮道者其意固安在乎擧措駭悖前所未聞而乃以請仍等語登諸奏　御文字極涉屑越宣撫使施以推考之典駭匪類有不可一向恩撫固當示威使之畏戢而稍有解散之漸云則亦不須專用威服另飭該撫使及該道臣處更爲別般曉諭一一歸化後隨卽登聞事分付何如　傳曰允0 又草記前校理

尹始永前叅奉李載亮並兩湖宣撫從事官差下使之分行襄辦何如　傳曰允0 又草記卽接內務衙門牒呈內以爲因警務廳所報元山港警務官以前郡守李起泓啓差事報請轉　奏爲辭矣依所請施行何如　傳曰允0 親軍壯衛營兵房尹雄烈0 度支衙門草記典圜局今屬本衙門矣官制章程內以銀行局兼之　啓下而該局? 鑄方始不當另差摠辦遙制事務該局主事李鎬成久管事務諳鍊已著不必另屬他手仍令摠檢該局事務俾專責效之地何如　傳曰允0 法務衙門草記本衙門判任主事李熙演改差代幼學金夏震差下何如　傳曰允

大朝鮮 兩國盟約
大日本
大朝鮮國政府允約於朝鮮曆開國五百三年六月廿三
大日本國　　　　　　　　日本曆明治二十七年七月廿五
日以朝鮮國政府將撤退淸兵一事委託駐紮朝
日
鮮國京城日本國特命全權公使代爲出力爾來
兩國政府之於淸國旣立攻守相助之地緣明著
事由所繫倂期克成兩國共同濟事之意於是下
開兩國大臣各奉全權委任訂定條? 開列于左
　第一條
此盟約以撤退淸兵于朝鮮國境外鞏固朝鮮國
獨立自主而推充朝日兩國所享利益爲本

　第二條
日本國旣允擔承與淸國攻守爭戰朝鮮國則於
日本隊伍以時進退以及預籌糧餉等諸項事宜
必須襄助予便不遺餘力
　第三條
此盟約? 與淸國和約成日作爲罷約
爲此兩國全權大臣記名蓋印以照憑信
大朝鮮國開國五百三年七月二十六日
　　　　外務大臣金允植

大日本國明治二十七年八月二十六日

特命全權公使大鳥圭介

官　報　開國五百三年八月十八日

以慶尙監司趙秉鎬狀　啓大邱判官申學休居官三載專事貪婪在營咫尺少無顧忌似此貪汚昏闒之入苟或一日掩置則墨倅無以懲戢窮民無以支保爲先罷黜其罪狀令攸司　稟處事　傳曰似此不法之類不可尋常處之令義禁司卽速拿來0 內務衙門草記水原監牧官李命錫瓜滿代前監察劉在韶樂安監牧官吳永烈瓜滿代前監察朴啓煥順天監牧官尹弘鉉改差代副司果全在喆珍島監牧官閔泳善瓜滿代前察訪趙龍增靈光監牧官李斗璜瓜滿代副司果全聖旭差下何如踏　啓字

0 又草記本衙門判任主事鄭肯朝尹瑨錫陞差代幼學李鳳相高濟松並判任謹具揭單恭呈 聖鑑踏 啓字0 承宣院 啓曰記注李守寅陳疏在外上來間以奉常寺主事金東薰權差何如 傳曰允0 下直許沙僉使金濟鉉0 私恩警務廳監禁書記官趙錫求摠巡高俊植河在규太碩勳金興集申錫麟洪應祖趙宅顯韓光洙監守長張東奎會寧府使李曾宇

正 誤

官報第四號第四十三行第七字洪字正以弘字

官 報 開國五百三年八月十九日

傳曰在外春坊並許遞令賓客以下會薦0 傳曰傳香承宣與左副承宣分詣受香諸處奉審摘奸以來0 傳曰左承宣許遞載寧郡守金永稷差下0 以司謁口傳 下敎曰今番南壇淸道以正領官兵房代行0 以義禁司徒流案中 傳曰允明根放0 承宣院左承宣趙秉翊右承宣尹祖榮左副承宣朴準陽右副承宣金永稷0 承宣院啓曰新差下右副承宣金永稷時在黃海道載寧郡任所斯速乘馹上來事 下諭何如 傳曰許遞外務叅議金容元差下承宣院左副承宣金容元右副承宣朴準陽0

承宣院　啓曰今此三角山白嶽山木覓山漢江祭史官
當爲監祭而記注李喜和記事金敎悳入直記注李守寅
陳疏在外記事吳衡根木覓山進三角山白嶽山漢江無
進去之人漢江則以大祝權差記注金東勳仍爲監祭三
角山白嶽山則以大祝奉常主事金?根權差記注使之
監祭何如　傳曰允0 議政府草記京畿監司洪淳馨移
拜廣州괴守矣其代臣當日會同各衙門大臣議薦備望
取　旨點用之意敢　啓踏　啓字0 又草記驪州牧使
富平府使渭原郡守有闕之代臣當日會同各衙門大臣
議薦單望開　奏冀蒙　聖鑑施行敢　啓踏　啓字0

又草記卽接內務衙門牒呈內以爲慶尙監司趙秉鎬狀
啓大邱判官申學休爲先罷黜其代擇差催促下送事
啓下矣大邱判官素是營下劇邑際此多事之時不可不
另擇故臣當日與各衙門大臣會議不拘資格單望開
奏冀蒙　聖鑑施行敢　啓踏　啓字0 議政府京畿監
司薦望申獻求徐相雨金益容　落點申獻求驪州牧使
單李載允富平府使單申林渭原郡守單金有鉉大邱判
官單池錫永0 親軍壯衛營草記本營軍司馬高永錫身
病甚重勢難察任今姑改差何如　傳曰允0 議政府草
記知中樞院事趙熙一關西宣諭使差下使之不日登程

與該道臣妥籌善辨俾各安堵所歷海西地方一體慰諭
兩道吏治民隱條列登　聞事分付何如　傳曰允0 又
草記咸鏡道礦務監理李容翊　啓差事報請轉　奏爲
辭矣依所請施行何如　傳曰允0 又草記前義禁府時
囚罪人任應鎬捧供　啓目有令廟堂稟處之　命下矣
取考其爰辭則찰事作奸一節專諉於李務榮矣王府向
無對직之例任應鎬移送法務衙門李務榮捉致對質秉
公裁判後使之　稟處何如　傳曰允0 侍講院草記泰
坊會薦事　命下矣左賓客李承五右賓客鄭基會輔德
李埈鎔並卽牌招會薦之地何如　傳曰允0 軍務衙門

摠禦營騎士將單許岏哨官二單尹려炳金元규南營別
哨哨官單張仁表총禦營兵房李根澔李根豐沈寅澤
落點李根澔0法務衙門草記慶尙右兵使閔俊鎬狀
啓內投印逃難之晉州營將朴熙房罪狀令수司 稟處
事 啓下矣令該道臣派員押上何如 傳曰允0義禁
司草記慶尙監司趙秉鎬狀 啓內貪汚昏답之大추判
官申學수罪狀令수司 稟處事 傳曰似此不法之類
不可尋常處之令義禁司卽速拿來事 命下矣令該道
臣泒員押上何如　傳曰允0 親軍經理廳草記本營軍
司馬徐相允有身病勢難察任今姑改差何如　傳曰允

0 義禁司草記茂朱府定配罪人尹明根放送事分付該
道臣何如　傳曰允0 工務衙門草記高山察訪金喆濟
迎華察訪徐宗? 俱以病乞遞並改差何如踏　啓字0
工務衙門青巖察訪單徐性浩沙斤察訪單崔灝明0 傳
曰右承宣許遞前承旨張錫裕差下0 承宣院　啓曰新
差下左副承宣金容元時在廣州地斯速乘馹上來事
下諭何如　傳曰許遞僉中樞柳完秀差下0 謝恩右承
宣尹祖榮　社稷令李用植　恭陵令具冕喜內務主事
鄭禹教軍務主事朴基昌警務廳摠巡李元植書記官蘇
興文主事兪龜煥高陽郡守鄭贊容咸昌縣監趙壽鎬慶

尙右兵使李恆儀平山府使李彰烈成歡察訪徐相元釜
山港主事沈能益0 前叅議金夏英監理事元山港出去
0 下直瑞山郡守朴錠基長水縣監李章鎬

政 事 甲午六月二十一日

領議政	金炳始	世子師	金炳始

政 事 甲午六月二十五日

副校理	金炳軾	左尹	安駉壽	
右尹	趙定熙	禮曹叅議	韓昌洙	
藝文提學	金益容	童蒙敎官	申澤秀	
慶州府尹	南學熙	長興府使	朴憲陽	
禮賓提調	閔泳達	領議政	金宏集	
世子師	金宏集	領敦寧	金炳始	
軍國機務處摠裁官		金宏集		
會議員	朴定陽	믄泳達	金允植	金宗漢
趙義淵	李允用	金嘉鎭	安駉壽	

鄭敬源　朴準陽　李源兢　金鶴羽
權瀅鎭　兪吉濬　金夏英　李應翼
徐相集

親軍摠禦營提調　金鶴鎭

叅議內務府事　金鶴羽　權瀅鎭　金喜洙　金裕成
金學洙　高永喜　金得鍊

叅議交涉通商事務　陸鍾允

摠辦電郵事務　金嘉鎭

左尹　趙定熙　右尹　安駉壽

判府事　李鎬俊

宣傳官　白命基　洪鍾厚　以上陞實事承　傳

上護軍　문斗鎬　護軍　李範晉

副護軍　申泰寬　沈相漢　尹相澈　韓昌洙

政 事 甲午六月二十六日

吏批啓曰判書叅議俱以病不來小臣獨政未安何以爲之敢稟 傳曰仍爲之

司僕提調 李承五 掌樂提調李裕承
延安府使 李啓夏 金溝縣令鄭海遠
平安監事金晩植除授事承 傳

政 事 開國五百三年六月二十九日

副修撰 洪承運 兵曹叅議 尹起晉
機器司事 金商愚 正郎 李暻浩
洪祐德 佐郎 金應權
戶曹正郎 趙容熙 江陵府使 金永鎭
永興府使 李南珪 河東府使 李采淵
金山郡守 朴駿彬 漢城主簿 李用稙
茂長縣監 문기鎬 堤川縣監 金建漢
光州牧使 李羲性 高城郡守 趙元植
咸陽郡守 金承順 寧越府使 嚴柱興

137

遂安郡守　　李京鎬　　始興縣令　　李敏奎

郭山郡守　　李敏濟　　白川郡守　　尹夔善

典籤　　洪顯昇　　繕工別提　　尹弘善

安義縣監　　李裕亨　　宗廟令　　金東熙

智陵叅奉　　韓昌和　　齊陵令　　金鎭九

肇慶廟令　　李範臣　　溫陵叅奉　　李相宇

親軍統衛營都提調　　金宏集

親軍壯衛營都提調　　金宏集

兼江華리守洪淳馨　　協辦內務府事鄭敬源

−213−

護軍　　趙昌夏　　副護軍　　趙民熙

慶尙中軍兼討使親軍南營兵房申泰休

舊所非別將　　崔南樞

−214−

政 事 開國五百三年七月初三日

吏批啓曰判書陳疏叅議病不來小臣獨政未安何以爲之敢稟 傳曰仍爲之

司甕僉正 鄭鴻敎 機器司事 李建弘
禧陵令 高岱鎭 鏡城判官 李榮健
統衛營兵房權瀅鎭今加嘉善加資事承 傳
睿陵令 金碩鎭 交涉主事 兪哲濬
監察 安用善 宗廟令 徐相洛
溫陵令 趙鍾? 敬陵令 李纘鎬
景陵令 朴夏陽

前守奉官朴師默今加通政年八十加資故學生安光逸贈사叅例兼故學生安椐贈吏議故學生安宗復贈僕正以上前右尹安駉壽三代

同知 尹容植 同訓鍊 安駉壽
李敎榮 僉知 趙義民
訓鍊都正 李圭泰 內禁將 金奎五
宣傳官 鄭峻永 部將 金興集
柳吉魯 守門將 咸周京
元容銓 全羅左水使金澈圭
三陟營將 具然奎 忠淸兵虞侯張錫泰

全羅兵虞侯李豊儀　　三島僉使　李國鉉
蛇渡僉使　朴應朝　　西生僉使　金相圭
乶下僉使　許　炳　　天城萬戶　金東俊
文殊別將　秋鍾旭　　蟾津別將　文昌錫
古突山別將高靑龍　　長木浦別將　元正禹
判府事　趙秉世　　知事　李鎬俊
大護軍　李鍾健　韓圭?
護　軍　趙存禹　申宅熙　南致源　尹雄烈
副護軍　吳仲善　李建昌　李泰容　李敎元
宋龜浩　尹庸善　白樂均　李在護

李商協　崔顯龍　權在中
兼江華府中軍兼修城將討捕使親軍沁營兵房單徐丙
勳兼南陽鎭兵馬僉節制使親軍經理廳前營將討捕使
單申泰熙三陟營將李哲鎬今降禦侮
摠禦哨官　沈宇澤　黃海水虞侯鄭完軫
部將　李景鎬　訓練僉正　趙載玉
摠禦哨官　金獻植　　吳日泳
宣傳官　尹錫天　　金商哲
訓練僉正　李漢肯　判官　李漢圭
中樞都事　申昇均　西林僉使　廉處京

宣傳官 李南珪 趙邦顯

政 事 開國五百三年七月初四日

吏批啓曰判書叅判並牌不進小臣獨政未安何以爲之

敢稟 傳曰仍爲之

禮曹判書	申獻求	禮曹叅議	宋榮大
刑曹判書	李鳳儀	全義縣監	李敎承
叅判	趙羲淵	泰陵令	趙梃
叅議	趙命敎	童蒙敎官	徐晦淳
左尹	金商圭	穆陵令	崔文煥
右尹	南致源		

督辦交涉通商事務單金允植

親軍壯衛營文案單鄭鳳林訓鍊僉正加設單李靖漢

上護軍　李淳翼　　護軍　沈寅澤　張時杓

副護軍　池錫永　任大準

政　事　　開國五百三年七月初五日

吏批啓曰判書叅議俱以病不來小臣獨政未安何以爲

之敢稟 傳曰仍爲之

應敎	李舜夏	吉州牧使	韓昌敎
機器司事	金順秉	長서府使	洪用觀
繕工別提	徐周輔	泰安府使	申百熙
司甕判官	鄭台鎔	密陽府使	李範善
機器司事	李錫徠	平山府使	吳錫泳
	鄭潤性	長淵府使	鄭暢鉉
北部令	黃義喆	襄陽府使	金靖鎭

德源府使 尹忠求 茂山府使 李敎文
沔川郡守 趙重夏 文川郡守 尹滋善
渭原郡守 李範疇 平海郡守 黃喆淵
谷城縣監 李文榮 沃溝縣監 金疇鎬
康津縣監 李圭夏 横城縣監 李明宇
필沙察訪 金日遠 交涉主事 李萬寧
右議政鄭範朝勉副事承 傳 叅議內務府事李寅萬
今加通政加資事承 傳 外務參議金經夏今加通政
差下事承 傳 南營文案單郭鎭坤 機器司事金喆
洙滿三十朔仍其職陞六事承 傳

—223—

健陵令 李鎬溎 濟用主簿 權載紀
內務主事 朴注東 引儀 洪祐德
鄭旭朝 監役 李範準
禁府都事 李斗夏 東部都事 申 榴
中部都事 南相鳳 厚陵叅奉 金鍾振
顯陵叅奉 高宗柱 恭陵叅奉 許 憲
徽陵叅奉 李德來 徽慶園叅奉鄭昌時
順昌園守奉官陸用昆 永懷園守奉官李裕烈
順康園守奉官申冕熙 梁山郡守 柳寅睦
通川郡守 朴時秉 庇仁縣監 申泰兢

—224—

永川郡守	南廷獻	洪川縣監	徐學淳
金化縣令	吳應善	恩津縣監	權鍾億
尙衣別提	姜　泓	和陵叅奉	金秉祐

監理元山港通商事務單尹忠求

典牲主簿	權鍾振	奉化縣監	蔡慶默
禮安縣監	李重益	鎭川縣監	安鼎壽
假監役	鄭在孝	綏陵叅奉	成樂善
居昌府使	金弘國	刑曹正郎	金興基
孝陵令	丁大緯	陽川縣令	林時益
義興縣令	成泰永	務安縣監	李膺稙

禁府都事	金永準	宣陵令	徐采淳
長鬐縣監	李邁久	平昌郡守	沈宜平
社稷令	洪在鳳	載寧郡守	金永稷
殷山縣監	金稷洙	藍浦縣監	鄭樞澤
司僕主簿	申學均		

故中軍權在亨　贈兵叅例兼故學生權大喆　贈吏議

例兼故學生權　宓　贈僕正例兼己上協辦內務府事

權瀅鎭三代

同知　　張時杓　白性基

兼訓鍊都正李熙斌　　僉知金奎五

曹司五衛將李周永 守門將 李載稷
宣傳官 具然學 守門將 李庸翼
江原中軍 金德鎭 釜山僉使 李鍾浩
薪島僉使 任榮鎬 絶影島僉使朴淇琮
神光僉使 朴樞鎭 高山里僉使朴世赫
加里浦僉使李範珪 加德僉使 宋熙鼎
?波知僉使李基顯 慶尙左兵虞侯崔敬國
宣沙浦僉使金祥鎭 牛峴僉使 鄭鶴善
西北僉使 李光淸 潼關僉使 崔元翊
全羅左水虞侯申 ? 西水羅萬戶車啓律

助泥萬戶 安宅舜 笠巖別將李宗夏
豊乇萬戶 姜熙一
判中子加設單鄭範朝護軍權白圭 片龍基
副護軍盧泰愚 副司直李民夏
副司果閔泳? 李範壽 閔致貞 李源國 吳義泳
金奎範
兼泰安鎭兵馬僉節制使湖西水軍防禦使單申百熙兼
吉州鎭兵馬僉節制使關北兵馬防禦使南後衛將單韓
昌敎
訓鍊主簿 許 仗 摠禦哨官尹泳淑

守門將　李裕화　訓鍊僉正　洪鍾厚

部將　尹泰順　守門將　河元泓

摠禦哨官　李義道　宣傳官　申昇均

中樞都事　申永均　滿浦僉使　朴亨祐

政　事　　開國五百三年七月十二日

禮曹叅判　李埈鎔　東學教授　李濟承

工曹叅判　韓耆東　南學教授　金慶濟

刑曹叅判　鄭寅昇　西學教授　姜　濩

知春秋　金宗漢　監察　李世淳

　魚允中　童蒙教官　洪承胤

同經筵　金嘉鎭　　趙寅植

同春秋　趙東弼　南部令　洪淳七

　金裕成　都事　徐丙鶴

中學教授　徐相允　英陵叅奉　李極魯

寧陵叅奉 任百溶 安邊府使 任冕鎬
泰陵叅奉 趙重轍 成川府使 洪鍾永
居昌府使 趙鍾純 監察 李鍾應
谷山府使 鄭誾朝

協辦內務府事單金裕成監理義州通商事務李根命監理會寧通商事務金命基以上今姑減下壯衛營文案單金益昇內務主事單朴世綱交涉主事單朴東鎮轉運委員禹慶善減下機器司事二單宋秉義鄭近源濟衆主事李輔漢故縣監李寅植贈吏叅例兼故通德李老淵贈吏議以上工曹叅判李重夏兩代故學生蔡元禮贈吏叅例

兼蔡慶錫贈吏議宣敎郎蔡國老贈僕正以上同敦寧蔡澤東三代故吏叅金敬鎭贈吏判文衡奎提例兼禮曹判書金宗漢考贈兵叅趙存赫贈左叅贊例兼刑判趙羲淵考贈吏叅安光逸贈吏判例兼贈吏議安梮贈吏叅例兼贈僕正安宗復贈吏議以上判尹安駉壽三代故學生金寬植贈吏叅例兼禮曹叅判金裕成考協辦內務府事機器局摠辦鍊武公院辦理事務單安駉壽

政　事　　開國五百三年七月十四日

吏批啓曰判書叅判牌不進小臣獨政未安下以爲之敢稟 傳曰只出緊任

同春秋　趙東潤　南學敎授　趙鎭萬
同敦寧　吳益泳　西學敎授　李中久
左尹　李重夏　富平府使　姜泰喜
右尹　白性基　珍島府使　尹錫莘
知義禁　趙羲淵　潭陽府使　趙重九
同義禁　安駉壽　槐山郡守　朴容奭
　李埈鎔　樂安郡守　張敎駿

中學敎授　金駿漢　抱川縣監　丁大英
同學敎授　李範世　稷山縣監　朴宣陽
牙山縣監　梁在謇　童蒙敎官　金炳日
平澤縣監　李鍾郁　鄭允永
雲峯縣監　李義絅　南龍熙
典圜委員　李鎬成　孝昌園守奉官金箕一
靑陽縣監　鄭寅羲　昭寧園守奉官趙秉珪
懷德縣監　李圭瑞　典獄叅奉　鄭日賓
禁府都事　孫永熙　刑曹佐郎　鄭旭朝
東部都事　洪宣周　內務主事　李峕宰

南部都事 安奎善 機器司事 閔泳升

領宗正卿府事二單李載冕李景應以上上輔國並拜事

傳敎內務主事二單全晙基安泳中礦務主事梁在謇陞

六事承傳機器司事二單李鼎夏李鳳儀濟衆主事單韓

學洙知義禁單安駉壽左尹單白性基右尹單李重夏

大興僉使 金鎭泰

護軍趙東潤趙東弼金商圭南致源李根? 朴齊衡副護

軍徐相集李會榮李會源鄭秉夏李秖榮李泰郁丁觀燮

李應翼朴齊普內禁將單李? 鎬權知奉事金興善

政 事 開國五百三年七月十六日

居昌府使 丁觀燮

協辦內務府事機器摠辦鍊武公院辦理事務李埈鎔

濟州牧使單李鳳憲

知敦寧 趙鍾弼 南學敎授 嚴柱完

奉常正 金南軒 西學敎授 李起鎰

中學敎授 尹始永 內務主事 朴容泰

東學敎授 李東宰 童蒙敎官 韓? 東

內務主事單洪在箕統衛營文案單李漢植

議政府總理大臣單金宏集左贊成單金壽鉉右贊成單

李裕承今加崇政都察院都憲五單朴容大李重夏李泰容今加嘉善曹寅承兪吉濬今加嘉善宮內府大臣單李載冕協辦單金宗漢內務衙門大臣單閔泳達今加崇政協辦單李埈鎔外務衙門大臣單金允植今加崇政協辦單金嘉鎭度支衙門大臣單魚允中今加崇政協辦單金喜洙今加嘉善法務衙門大臣單尹用求今加崇政協辦單金鶴羽今加嘉善工務衙門大臣單徐正淳今加崇政協辦單韓耆東學務衙門大臣單朴定陽協辦單鄭敬源軍務衙門大臣單李奎遠今超崇政協辦單趙羲淵農商衙門大臣單嚴世永今超崇政協辦單鄭秉夏今加嘉善

警務使安駉壽以上差下事承　傳內務主事三單李駿弼尹甲炳申佐均故學生金泰求　贈吏叅例兼故副護軍金德魯　贈吏議故司果金潤兌　贈僕正以上同敦寧金星粹三代

護軍李敎榮 副護軍李寅英池錫永李鍾七

副司果李建奎 兼濟州鎭兵馬水軍節制使全羅道水軍防禦使李鳳憲

政 事　開國五百三年七月十九日

機器司事　李參應　閔泳琬 趙興奎 李靖宇
鄭德敎

密陽府使　鄭東箕　寶城郡守　吳榮錫
沃川郡守　金東敏　結城縣監　朴基鵬
全州判官　申永休　漣川縣監　趙明植
韓山郡守　丁大懋　陰城縣監　尹　泌
盈德縣監　趙賢植　奉花縣監　高永喆
珍山郡守　申　棶　松禾縣監　趙重軾
楊口縣監　任昌鎬　砥平縣監　安昱相

禁府都事　李來儀　安山郡守　申 ?
全羅監司單金鶴鎭特爲仍任事承　傳　典籍二單金晃洙鄭容默　校書判校玉景鍊今加通政滿三十朔依法典陞堂上　沁營文案單趙庸夏　宗府忠義單李漢宇

內務主事　趙徹熙　機器委員　崔旭榮
濟衆主事　洪肯厚　交涉主事　崔復榮
禮賓主簿　趙用熙　榮川郡守　洪用觀
唐津縣監　尹寓善　林川郡守　韓鎭泰
青山縣監　趙萬熙　永同縣監　吳衡根

機張縣監	李駿弼	永陵令	崔奎源
昌陵令	金瑨鉉	禁府都事	金翊成
公州判官	趙命鎬	交涉主事	閔致貞
機器司事	閔泳?	李範壽	閔明植
	柳永佑	刑曹正郎	朴敎陽
工曹正郎	鄭志喆	社稷令	李敏昌
順昌園令	李在斗	禁府都事	李集懿
思陵叅奉	李源性	延豊縣監	徐相鶴
定平府使	鄭泰奭	固城府使	申慶均
咸安郡守	林承學	興德縣監	尹錫禎

端川府使	洪鍾厚	鎭海縣監	具俊喜
海南縣監	尹弘求	靈巖郡守	南起元
順川郡守	李鼎泰	錦山郡守	李容德

內務衙門大臣單閔泳商　法務衙門大臣單韓耆東

工務衙門協辦單安駉壽 警務使單李鳳儀

內務主事李駿弼陞六事承 傳

機器司事四單金鳳善　李徽翼　李啓舜　鄭濟善

濟衆主事三單兪致元　李裕烈　趙秉珪

機器委員	李洪珪	交涉主事	韓鳳晚
引儀	朴秉珪	交涉主事	鄭基恆

交涉主事	高宅鎭	鄭寅穆	
徽陵令	李旹宰	寧陵令	朴夏陽
機器司事	洪健杓	禁府都事	金炳道
驪州牧使	徐? 淳	羅州牧使	朴世秉
安東府使	李喜元	順天府使	李秀洪
會寧府使	金秉億	康翎縣監	柳灌秀
長水縣監	李章鎬	海美縣監	沈宜肅
仁陵令	徐殷淳	景陵令	李載徹
禁府都事	權敦淵	喬桐府使	李圭常
通津府使	尹九成	鍾城府使	李容仁

－243－

內務主事	柳興龍	萬頃縣令	趙義觀
肇慶令	金潤鉉	交涉主事	洪承祿
童蒙敎官	趙準熙	魚益善	李秉獻
東部都事	趙哲夏	西部都事	李重崙
南部都事	成晩基	典牲主簿	李範軾
恭陵令	具만喜	刑曹叅判	吳益泳
光陵련	金奎明	尙衣主簿	朴容泰
禁府都事	南夏元	昭慶園守奉官	李慶儀
懿寧園守奉官	鄭基元	永懷園守奉官	印永哲
內務主事	李濟奭	永禧殿令	權載總

－244－

獻陵令	金容培	氷庫別提	趙?鎬
內務主事	鄭瓚朝		
內務主事	李用稷	閔德行	
機器司事	金演植	李齊正	
禁府都事	張 燁	自如察訪	韓敬根
利仁察訪	金永濟	判尹	嚴世永
交涉主事	李大永	永禧殿令	金淳秉
漢城主簿	尹길圭	典圜委員	申泰根
禁府都事	李峻容	刑曹叅議	尹祖榮
靖陵令	李錫徠	康陵令	金永淑

—245—

機器司事	洪在鳳	李命炎	
濟衆主事	李建奎	禁府都事	李冕柱
掌樂主簿	金? 璇	同敦寧	金升集
社稷令	徐周輔	東學敎授	金容圭
中學敎授	金鎭達	南學敎授	朴台熙
西學敎授	韓正愚	西學都事	金仲根
繕工主簿	李慶和	監察	金百鍊
禁府都事	李鉉周	李長稙	
昭寧園守奉官	李起聲	交涉主事	沈宜奭
利川府使	南廷綺	金浦郡守	李道承

—246—

昭寧園녕奉官李羲龍 順康園守奉宮元永鳳
內務主事 李麟善 典圜委員 金星圭
禁府都事 李庸翼 永懷園令 李章憲
振威縣令 趙文奎 禁府都事 宋憲遜
礦務主事 金兌植 金相塗
禁府都事 安喆壽 交涉主事 朴仁壽
典圜委員 洪鍾晉
晉州營將朴熙房今加嘉善加資事兵曹覆 啓判下
同知 吳正善 李命夏
宣부官 尹吉炳 內禁將 李淸烈

五衛將 朴熙房 安亨淳 李源佑 李敏祚
訓練正 任璨鎬 平安中軍 金大植
訓鍊僉正 李秉殷 薪島僉使 洪鳳觀
五衛將加設單崔敬國訓鍊判官李源永訓鍊主簿金泰
진金永振河導弘以上依定式減下
訓鍊主簿單金時화
內金將六單李啓善 李容中 吳?默 閔貞植
李浚鎬 鄭敎烈
訓鍊僉正加設五單李? 煥 曹秉完 白南赫
李相德 洪廷龍

訓鍊判官加設三單朴永祚　呂尚律　金漢植

訓鍊主簿加設四單金成彦　劉錫奎　李命鎬

李漢植

永宗僉使柳澧熙多大僉使鄭健植以上相換事承　傳

副司果金文煥吳錫亨金允寬尹秋常李鎭奎金興龍姜

在烈以上陞六事承　傳兼江原道兵馬水軍節度使單

金升集兼喬桐鎭兵馬僉節制使京畿水軍右防禦使鎭

撫營右海防將單李圭常壯衛營叅領官李景熙今加折

衝加資事承　傳

訓鍊僉正　李翊魯　　訓鍊判官　　李成鎬

訓鍊判官　孟德禧　　訓鍊主簿　　鄭在千

淸州營將　任璨鎬　　訓鍊主簿　　朴應相

京畿中軍　徐廷喆　　訓鍊主簿　　金泰權

晉州營將　鄭熙悅　　羅州營將　　南俊元

黃海中軍　李豐儀　　江原中軍　　柳興烈

咸鏡中軍　李庚翼　　統虞候　　　李漢相

南兵虞候　全道鎭　　椒島僉使　　吳台泳

阿耳僉使　朴熙陽　　高嶺僉使　　兪鎭浩

羣山僉使　梁性煥　　安興僉使　　崔敬國

古羣山僉使邊鎭守　　龜山僉使　　李昌文

智島萬戶　　韓弘旭　　長串僉使　金대顯
許沙僉使　　金濟鉉　　臨淄僉使　趙義宗
古城僉使　　金洪鍵　　恃寨僉使　韓光國
車嶺僉使　　安基駿　　昌州僉使　李允恆
碧團僉使　　孫明淵　　天摩僉使　金希淳
龍津萬戶　　田基煥　　於蘭萬戶　太碩勳
馬島萬戶　　鄭俊儉　　會寧浦萬戶申準模
知訓鍊單安駉壽除授事承　傳訓鍊副正加設單洪鍾
厚副司果李象駿尹敎性以上遞付京職事承　傳
五衛將　　柳洪魯　柳天根　李晩說　姜在烈

-251-

印永璣
昌德將　　韓正奎　　金鼎鉉　　卓仁在
訓鍊正　　韓圭復　　訓鍊副正　李駿鎬
宣傳官　　鄭岏永　　右捕從　　李徹純
訓鍊僉正　千得麒　　訓鍊判官　洪墩
部將　　　崔奎軒　　尹啓煥
全羅兵虞侯鄭逵贊　　慶尙左兵虞侯尹炳圭
慶尙左水虞侯吳貞默　全羅右水虞侯李洙烈
安原萬戶　　朴瓛　　南桃浦萬戶李錫有
多慶浦萬戶韓文敎　　知世浦萬戶姜仁志

-252-

幕嶺萬戶	車錫桓	吾老梁萬戶	元常奎
助羅浦萬戶河志彦		正方別將	金正完
首陽別將	金昌鼎	九月別將	舍周經
鳥嶺別將	崔寬成	加背梁萬戶	金漢奎
文山萬戶	金學元	劒山別將	洪在翊
德浦僉使	趙在彛	善積僉使	金亮基

訓鍊判官加設三單　李鴻夏　趙載亨　李鍾淵

副司果李承顯

訓鍊僉正	白南福	李重輝	
訓鍊判官	金漢奎	摠禦哨官	尹致鳳

訓鍊主簿	李杜翼	閔?鉉	
右捕從	李啓薰	部將	崔翊豐
訓鍊僉正	李運鎬	部將	洪駿初
訓鍊主簿	趙善永	趙羲悳	池錫維
宣傳官	李莊夏	訓鍊僉正	李觀鉉
五衛將	崔丙極	朴永鈺	朴鼎鉉
	嚴鎭順	李昇均	
訓鍊主簿	申穆均	廣州中軍	具然郁
部將	李國憲	金文彦	金午見
忠州營將	金炳?	仁遮外萬戶	李鍾瑢

宣傳官 申龜鉉 李起豐 李龍儀 趙秀顯
部將 曹圭承 梁信洙 申嶅均 盧元植
李啓英
守門將 呂邦鎭 兪德濬 朴奎臣 韓靑元
摠禦哨官 柳錫祐
梁永萬洞權管單崔元鳳
大護軍 李正魯 趙鍾弼
護軍 鄭寅昇
副護軍 趙鼎九 李載現 趙秉健 權在洙
李石榮 申德熙 李茂魯 朴齊恂

-255-

金興洛 兪萬柱 李寂榮 韓始東
李建永 洪鍾榮 閔種烈 金甲圭
李應翼 鄭學默 李冕泰

-256-

草記　　甲午六月二十八日

軍國機務處　啓曰議政府以下各衙門官制職掌謹稽

本朝成憲參互各國通例准議妥定庸備　乙覽合蒙

允施至　宮內府所重逈別不敢自下擅便謹將職掌分

類草呈官制一? 伏候　上裁之意敢　啓　批曰令會

議所一體會議

議定

宮內府

承宣院　　尙瑞　　記注　　品秩增 檢查 增

經筵廳　　弘文　　藝文

奎章閣　　校書　　圖書　　寫字

通禮院　　外事 增　　內事 增

掌樂院

內需司　　龍洞宮　　於 義 宮　　明禮宮　壽進宮

長興庫

司饔院　　氷庫　　禮賓

尙衣院　　濟用

內醫院　　典醫

侍講院　　翊衛　　講 書　　衛　從

內侍史　　尙宮　　掖 庭　　典 設

太僕寺

殿閣司　　繕工
會計司
此外
宗伯府　宗廟　社稷　　永禧殿　景慕宮　長生殿
　　　　各陵　園　宮　　廟　墓　　　奉常　　典牲
宗親府　敦寧　　儀賓
以上各司從前應八錢穀令度支專管其一切應用
均廳度支酌撥
　官制
議政府
一議政府總百官平庶政經邦國

一總理大臣一員左贊成一員右贊成一員司憲五員叅
議五員主事三十一員分設各局如左
一軍國機務處專議國內大小事務總裁一員總理大臣
兼之副總裁一員議員中秩高人兼之會議員十人以
上二十人以下書記官三人一人兼總理大臣秘書官
一都察院掌糾察內外百官臧否功過告明政府公行賞
罰院長一員左贊成兼之司憲五員主事十員
一中樞院單付文武蔭資憲以上無實職人以備顧問候
缺送補院長一員右贊成兼之叅議一員主事二員
一記錄局掌收錄行政底稿及統計事務存作檔案叅議

一員主事四員

一銓考局掌考準官吏履歷及薦書實學叅議一員記錄

局長兼之主事二員

一官報局掌頒布政令憲法及各官府一切公判成案叅

議一員主事四員

一編史局掌編輯本國歷史叅議一員主事四員

一會計局掌本府出納財簿叅議一員主事四員

一耆老所主事一員

內務衙門

一內務衙門總管地方人民制治事務

一大臣一員協辦一員叅議五員主事二十四員分設各

局如左

一摠務局掌未及設置之各局庶務叅議一員主事二員

兼秘書官

一版籍局掌查明戶數人口生産物故一應文簿叅議一

員主事六員

一州縣局掌監督各地方一應事務叅議一員主事六員

一衛生局掌傳染病豫防事務兼理醫藥牛痘等事叅議

一員主事二員

一地理局掌測量國內地段製造地圖並飭道路橋梁津

涉等一切事務叅議一員衛生局長兼之主事四員

一寺祠局掌國内岳瀆寺刹神祠叅議一員衛生局長兼

之主事二員

一會計局掌本衙門出納財簿叅議一員主事二員

外務衙門

一外務衙門掌交涉通商事務監督公使領事等官

一大臣一員協辦一員叅議五員主事二十員分設各局

如左

一揔務局掌未及設置之各局庶務叅議一員主事二員

兼秘書官

一交涉局掌外交事務兼審찰萬國公法私法叅議一員

主事四員

一通商局掌通商航海事務叅議一員主事二員

一繙繹局掌繙繹外國公文公牘叅議一員主事四員

一記錄局掌保管條約書兼保存外交文書叅議一員繙

繹局長兼之主事六員

一會計局掌本衙門出納財簿叅議一員主事二員

度支衙門

一度支衙門總轄全國財政量計出納租稅國債及貨幣

等一切事宜監督各地方財務

一大臣一員協辦一員叅議九員主事四十五員分設各

局如左

一總務局掌未及設寘之各局庶務叅議一員主事二員

兼秘書官

一主稅局掌國稅賦課關稅徵收田籍編號叅議一員主

事八員

一主計局掌國庫稅額歲入歲出豫筭決筭等務叅議一

員主事八員

一出納局掌國財出納等務叅議一員主事六員

一國債局掌内外國債募入及償還等務叅議一員主事

二員

一儲寘局掌金庫開閉米倉??監守儲寘等務叅議一

員主事二員

一記錄局掌本衙門往復公文底稿編輯存案及紙幣證

劵押印銷印等務叅議一員主事八員

一典권局掌鑄造貨幣一切事務叅議一員主事二員

一銀行局掌國內公私貨幣? 換事務叅議一員典圜局

長兼之主事三員

一會計局掌本衙門會計事務叅議一員主事四員

法務衙門

一法務衙門管理司法行政警察赦宥兼督高等法院以
下各地方裁判
一大臣一員協辦一員叅議四員主事二十員分設各局
如左
一總務局掌未及設寘之各局法務叅議一員主事二員
兼秘書官
一民事局掌人民詞訟裁判及考試法官與律師等務叅
議一員主事八員
一刑事局掌治罪刑殺復查審讞保釋懲役減刑復權等
事務叅議一員主事八員

一會計局掌本衙門出納財簿兼管高等法院以下諸裁
判所豫筭決筭叅議一員主事二員
學務衙門
一學務衙門管理國內教育學務等政
一大臣一員協辦一員叅議六員主事十八員分設各局
如左
一摠務局掌未及設置之各局庶務叅議一員主事二員
兼秘書官
一成均館及庠書院事務局掌保守先聖先賢祠廟及
經籍等事務叅議一員主事二員

一專門學務局掌中學校大學校지藝學敎外國語學校及專門學校叅議一員主事四員

一普通學務局掌小學校師範學敎叅議一員主事四員

一編輯局掌國文綴字各國文繙繹及敎課書編緝等事叅議一員主事四員

一會計局掌本衙門出納財簿叅議一員主事二員

工務衙門

一工務衙門總管國內一切工作營繕事務

一大臣一員協辨一員叅議六員主事十七員分設各局如左

一摠務局掌監理百工事務兼編錄百工姓名並顧用技師學習新式等事叅議一員主事二員

一驛遞局掌內外公私文書?物包運傳遞受等事叅議一員主事二員

一電信局掌架設電線分置支局及內外信遞受等事叅議一員主事二員

一鐵道國掌測量道路以備鐵道架設等事叅議一員主事二員

一礦山局掌百種礦物測量試驗蒐集保存等事叅議一員鐵道局長兼之主事二員

一燈椿局掌每邊各處通商港口及不通商港口燈臺浮

椿等事叅議一員鐵道局長兼之主事一員

一建築局掌公廨建築營繕等事叅議一員主事四員

一會計局掌本衙門出納財簿叅議一員主事二員

軍務衙門

一軍務衙門統轄全國陸海軍政監督軍人軍屬及董率

管內諸部

一大臣一員協辦一員叅議八員主事三十六員分設各

局如左

一總務局掌未及設寘之各局事務叅議一員主事二員

兼秘書官

一親衛局掌大內所隷軍隊總督一切휘兵編制軍隊事

務叅議一員主事四員

一鎭防局掌京外鎭防서營事務叅議一員主事八員

一海軍局總督全國海軍董率軍人軍屬及管內서部叅

議一員主事八員

一醫務局掌陸海軍部內醫務及藥劑等事務叅議一員

主事四員

一機器局掌製造修理軍器一切事務及收買軍器等事

務叅議一員主事二員

一軍需局掌全國陸海軍糧餉服裝等事務叅議一員主
事四員
一會計局掌本衙門出納財簿及諸營鎭會計事務叅議
一員主事四員

農商衙門

一農商衙門管理農業商務藝術漁獵種牧礦山地質及
營業會社等一切事務
一大臣一員脅변一員叅議五員主事二十八員分設各
局如左
一總務局掌未及設寘之各局庶務叅議一員主事二員

兼秘書官
一農桑局掌開곤種樹蠶茶牧畜及編纂事務叅議一員
主事八員
一工商局掌中外商務審査度量衡及製造各物品勸工
興工等事務叅議一員主事八員
一山林局掌山林經濟私有山林統計及山林學校等事
務叅議一員主事二員
一水産局掌漁採船具蓄殖海産製造魚介及水産會社
等事務叅議一員山林局長兼之主事二員
一地質局掌判地質土性肥瘠植物與化土肥料礦類分

析地形測量製圖等事務叅議一員山林局長兼之主
事二員
一奬勵局長奬勵殖産興業及專賣特許事務叅議一員
山林局長兼之主事二員
一會計局掌本衙門出納財簿叅議一員主事二員
議　案
一從今以後國內外公私文牒書開國紀年事
一與淸國改正約條復파送特命全權大使于列國事
一劈破門閥班常等級不拘貴賤選用人材事
一廢文武尊卑之別只從品階另有相見儀事

一罪人自己外緣坐之律一切勿施事
一嫡妾俱無子然後始許率養申明舊典事
一男女早婚亟宜嚴禁男子二十歲女子十六歲以後始
許嫁娶事
一寡女再嫁無論貴賤任其自由事
一公私奴婢之典一切革罷禁販買人口事
一雖平民苟有利國便民之起見者上書于軍國機務處
付之會議事
一各衙署皀隷酌量加減設置事
一朝官衣制 필見衣服紗帽章服 盤領窄袖 品帶靴子

燕居私服漆笠搭護絲帶 士庶人衣制漆笠周衣絲
帶 兵弁衣制遵近例將卒不宜異同事

草 記 開國五百三年六月二十九日
軍國機務處 启曰諸議員本日議定各條謹具清單恭
呈 乙覽冀蒙 允施之意敢 启

議 案

一各司官員吏胥皂隷額數查明開單

一各司錢穀用下時在及未捧實數以至傳來公物查明開單

一各宮各司各營導掌田沓堤堰柴?及收稅各目查明開單

一限七月初十日內一齊來呈于機務處

草 記 開國五百三年七月初一日

軍國機務處 啓曰諸議員臣本日議案各條謹具清單

恭呈 乙覽冀蒙 允施之意敢 啓

議 案

一各衙門官制職掌實施限期以七月二十日爲定事

一京各司及各道各邑通行文牒書開國記年行會事

一各衙門稱號及官制職掌旣已議定待實施日各衙門

大臣以下該管官員始行 勅泒진任事

一警務官制職掌與一切事宜議定後屬之內務衙門事

一各道監兵營以及州府郡縣鎭驛堡胥役軍卒案付總

額及各樣上納名目實數各該公用支放事例錢穀實

數一一成冊遠近計程定限來呈于軍國機務處行會

事

一此次日本政府出力保認我固有自主亟泒全權大使

致謝厚?益敦隣好事

一七月初十日以後勿許着廣袖衣事

一本處議案漸繁亟設活版印行以便廣布事

一檢校直提學李埈鎔本處議員 啓差事 批曰不必

加差置之

一議員兪吉濬另議昨日會議以嫡妾俱無子然後始許

率養申明舊典之下添入事在令前者不得追論一節

事

一日兵之?駐各地方寔出於防備淸兵毫無惡意凡我

士民其各洞悉相安無事之意行會各地方事

草　記　　開國五百三年七月初二日

軍國機務處　啓曰諸議員臣本日議案各條謹具淸單

恭呈　乙覽冀蒙　允施之意敢　啓

議　案

一議政府及各衙門通行規則商確妥定事

一各衙門實施限期己定先查財政以備籌辦事

一大小官員公私行惑乘或步任便無碍平轎子軺軒永

　廢無論公私出入宰官扶腋之例永廢老病不堪人不

在此例惟總理大臣及曾經議政大臣　闕內許乘山

藍輿事

一大小官士庶人等馬之規一切豁除凡過高等官只可讓路事

一各府各衙門官員跟隨定額事

一凡在官親避之規惟子婿親兄弟叔侄外一切勿拘以私義講嫌?避之習一切永廢事

一贓吏之律申明舊典從嚴懲辦原贓入官事

一各府各衙門各軍門不許擅行逮捕施刑而干犯師律不在此限事

一朝官品級自一品至二品有正有從自三品至九品無正從之別事

一驛人倡優皮工並許免賤事

一凡官人雖經高等官者休官之後任便營商事

一魚允中李泰容權在衡並議員 啓差事

草　記　開國五百三年七月初三日

軍國機務處 啓曰諸議員臣本日議案各條謹具淸單

恭呈 乙覽冀蒙 允施之意敢 啓

議案

一各府各衙門印章飭爲鑄造扁額亦爲新備事

一亟查財政籌辦實施經用事

一科文取士係是 朝家定制而難以虛文收用實才科

擧之法奏蒙 上裁變通後另定選擧條例事

草　記　開國五百三年七月初四日

軍國機務處　啓曰諸議員臣本日議案各條謹具淸單

恭呈　乙覽冀蒙　允施之意敢　啓

議　案

一未下各官吏祿料查明實數付之度支衙門國債局限

年排給事

一未下各貢價查明實數付之度支衙門國債局限年排

給事

一本處議會爲裁定官制未盡條例自本月初五日至初

七日停會事

草 記 開國五百三年七月初八日

軍國機務處 啓曰諸議員臣本日議案各條謹具清單恭呈 乙覽冀蒙 允施之意敢 啓

議 案

一文官通政以上無實職人及武官梱師銀臺以上蔭官銀臺佐貳以上人及蔭武官之現有實職人一經更張多歸散秩請設散班院附屬于議政府酌量給俸以待後日隨材薦用或從他區處以示 朝家體念之義雜職吏胥皂隷之作散者亦依此例權付在京人員外勿許事

一各府衙主事總額中三分一數擇現役吏胥中廉勤有文筭人經銓考局試驗後陞任事

一凡國內外公私文字遇有外國國名地名人名之當用歐文者俱以國文繙繹施行事

一凡大小罪人苟非司法官裁判明定毋得勒加罪罰事

草記　　開國五百三年七月初九日

軍國機務處 啓曰諸議員臣本日議案各條謹具清單

恭呈 乙覽冀蒙 允施之意敢 啓

　　議案

一凡諸議案已蒙 允施著爲邦憲認眞施行若有違戾

者不拘貴賤據律論罰斷不容貸事

一京外來往文牒另有一定式樣在紙面上印出當該府

衙州縣號記以期劃一省費事

一各港商務旁午不可無專管之人監理勿令地方官兼

任其官秩與地方官相等二品以上勿用差遣量宜增

俸使之專擔責任而以實施日施行事

一新式法律頒布之先凡法官訊問大小罪人之?只許

按照大典會通刑典施行毋得妄加拷刑事

草 記 開國五百三年七月初十日

軍國機務處 啓曰諸議員臣本日議案各條謹具淸單

恭呈 乙覽冀蒙 允施之意敢 啓

議 案

一自甲午十月各道各樣賦稅軍保等一切上納大小米
太木布均以代錢磨鍊設立銀行劃給公錢使之貿遷
米穀以贍根本之地而原錢償納于度支衙門定期勿
悞代錢更爲詳細酌量事

一各司之應隷某府衙者分別移屬釐正歸一事

一挽近各地方官輒禁阻米穀亟應飭弛以便流通除

遇有水旱兵戎降 旨特禁外一切勿禁之意行會各
道事

一此次議會之設關係國計民事? 重迥別凡與是選者
固不敢循私占便倘因公未叅又有實病實故須於齊
會時刻之先聲明會中如或不遵章程違越時限該員
由機務處草記論警

草　記　　開國五百三年七月十一日

軍國機務處　啓曰諸議員臣本日議案各條謹具清單
恭呈　乙覽冀蒙　允施之意敢　啓

議案

一改正度量衡本年十月初一日爲始自內務衙門頒發
新式丈尺斗斛秤衡務歸劃一以防紊亂之幣事

一新式貨幣與舊貨兌換之法另定條例自七月二十日
爲始發行事

一自漢城府知委五部字內總理大臣以下至士庶人均
用木牌書所住洞名及家主職役姓名揭之門首而各

宮書宮號若有挾戶賃居者亦懸名牌于本主名牌之
下限本月二十日內一齊遵行事

一各府衙事務雖分設各局其姑無繁務處就該衙門各
局權令隨品兼管事

一議政府都察院司憲以都憲改付標秩爲正從二品忠
勳府改稱紀功局屬之議政府令都察院管理主事二
員香室忠義兼儀仗忠翊移屬　宮內府觀象監改稱
觀象局屬之學務衙門叅議一員主事六員成均舘叅
議遵舊稱大司成主事稱典籍並改付標

新式貨幣發行章程

第一條新式貨幣分爲四種　一日銀二日白銅三日赤
銅四日黃銅
第二條貨幣最低位爲分十分爲戔十戔爲兩
第三條貨幣分爲五等最低位一分爲黃銅其次五分爲
赤銅其次二戔五分爲白銅其次一兩及五兩爲銀
第四條五兩銀爲本位貨一兩銀以下總爲補助貨一兩
銀貨之一次與受以一百兩爲準白銅貨以下之一次
與受以五兩爲準但與受者互相肯諾不在此例
第五條新舊貨幣一體通用以廣融匯其比例如左
黃銅一分　　當舊錢一枚

赤銅五分　　當舊錢五枚
白銅二戔五分當舊錢二十五枚
銀一兩　　　當舊錢一百枚
銀五兩　　　當舊錢五百枚
第六條凡各種稅項及俸給以銀貨爲定者務用銀貨或
因時宜可代用舊錢其以舊錢爲定者照第五條比例
可代用銀貨
第七條新式貨幣多額鑄造之先得暫混用外國貨幣但
與本國貨幣同質同量同價者始許通行

草　記　　開國五百三年七月十二日
軍國機務處　啓曰諸議員臣本日議案各條謹具清單
恭呈　乙覽冀蒙　允施之意敢　啓
議　案
一總理大臣以下各官員赴公服色　闕內各司黑團領
品帶靴子　闕外各司漆笠搭護絲帶定式事
一各道上納中官逋吏亟令該道伯這這查明秩秩區
別修成冊報來以待政府措處事
一令道臣飭地方官設鄉會使各面人人圈選綜明老鍊
各一人作鄉會員來會友本色公堂凡發令醫瘼等事

當自本邑施措者評議可否公同決定然後施行事
一義禁府改稱義禁司屬之法務衙門而長官稱以義禁
司判事法務大臣例兼副官稱以義禁司知事惑同知
協辦例兼隨品單付置衆議一員摠務局長例兼主事
四員法務衙門主事中例兼掌治大小官員犯公罪奉
旨就理事 凡大小官員犯私罪者悉由法
務衙門按律處辦與人民無異
銓考局條例
一銓考局掌考試名府衙所送選擧人其試驗有二法
一普通試驗
一特別試驗

一普通試驗

國文漢文寫字筭術內國政略外國事情內政外事俱發策

一特別試驗

准該人所帶選狀內所註明適用才器單擧發題

一普通試驗後許赴特別試驗不中選者銓考局具文通知于該人選擧之府或衙中選者成給銓試狀以爲該大臣憑考

一凡持有銓試狀者該局課內陞差則不必更要試驗又退任者復仕同局課則不要試驗

命令頒布式

第一條 命令紙式

第二條 國內一應法律 勅令皆以 上諭頒布

第三條 法律 勅令總理大臣起草又或各衙門大臣具案提出于議政府由總理大臣 奏請 上裁

第四條 法律及政治所關 勅令經 御押后鈐 御璽總理大臣記其年月日與主務大臣聯署其下若只係一衙門事務則該主務大臣記其年月日署其下

第五條總理大臣及各衙門大臣在法律命令範限內以職權若特委可施行之又可發府令或衙令

第六條　法律命令皆用官報頒布各州縣以其令到後七日爲施行期限
第七條　各州縣以程里遠近皆有官報令到期限若因天災時變不能如期者當以令到翌日爲期
第八條　國書條約批准外國派遣官員委任狀在留各國領事官認可狀當署　御押鈐　御璽
第九條　勅任官之任命則其官職教旨署　御押鈐　御璽奏任官則只鈐　御璽判任官則自薦主大臣上薦書于承宣院　啓下後薦主大臣成給奉　教職牒自署押蓋印

選擧條例
一各府各衙門大臣選取其所管　奏任判任等官
一無論朝野紳士京鄕貴賤有品行才諝藝術兼識時務者認眞選取詳錄其人職姓名年貫居住發給選狀委送銓考局請隨材銓考
一預選人選狀內注明其才器適用何局何課由銓考局待中選于普通試驗再行特別試驗分局各府衙門徵用
一廣設學校作成人才之前由議政府關飭五都八道依鄕貢法薦升京畿十人忠淸道十五人全羅道十五人

慶尙道二十人平安道十三人江原道十人黃海道十
人咸鏡南北道各五人五都及濟州各一人送詣京師
各以其才願赴何衙門聽各衙門大臣選取

草 記 開國五百三年七月十三日
軍國機務處 啓曰諸議員臣本日議案各條謹具淸單
恭呈 乙覽冀蒙允施之意敢 啓
議 案
一方今政體新立羣下之 稟裁皆關機要不宜以事事
草記請日 御外殿視事法從畢陞還 內時儀衛警
蹕以肅 宮闈事
一選拔年少聰俊子弟泒送外國各學校隨才肄業以資
需用事
一各府衙 勅任官泒定後姑先會同都察院以試各司

吏胥有文筭才諝者待實施日隨才授官事

草　記　　開國五百三年七月十四日

軍國機務處　啓曰諸議員臣本日議案各條謹具淸單

恭呈　乙覽冀蒙　允施之意敢　啓

議　案

一現今戎政未立軍心不齊動輒違紀亟宜變通除另設

親衛軍外請合各營置大將一員先爲　勑差從新編

制以專號令事

一三港稅關雇聘外國人員由政府發給文憑以存體統

事　批曰姑俟

一另擇宰臣中明鍊公正之員分遣黃海平安江原咸鏡

四道布諭　朝令洞察民隱並令嚴核道臣以下臧否

條列登　聞

一轉運署設始後三南稅米捧未捧納未納令該總務官

區別名目查明實數開具淸冊計程報來事

會計審查局職掌

第一條 會計審查局屬之議政府使都察院官員專管

審查議政府與各府衙一切會計

局長一員 都察院都憲中兼之

書記官四員 都察院主事中兼之

審查官五員 都察院主事中兼之會計浩繁人員

不足則局長申請總理大臣自他衙

門移補以便臨時審查

第二條　局長承總理大臣指揮專管國庫及各府衙財

貨出納物品銷磨以至官有財産之增減與否興業原

資側庫金封不動金典物質品會計之審查判定又掌

證明歲出歲入決筭淸單之當否而審查判定及證明

之細則別有檢查章程

第三條 各府衙中一部所屬之會計審查則局長委任

其司使報淸單

第四條 局長點檢審查必要之簿籍書類事係錯綜難

辦可詰求該管官吏之講明

第五條　局長認定各會計正當則成給準認狀於該管官員若不認爲正當則照知該所管長官使行處理又或直行牒報于總理大臣請其處理

第六條　局長每當會計年期過後五個月以內整製淸單而詳具過年會計審查功程報于總理大臣另有己見亦可開單申論

　文官授任式

第一條　文官授任一曰勅任自正一品至從二品二曰奏任自三品至六品三曰判任自七品至九品

第二條　勅任官均由　聖簡總理大臣會同各衙門大臣及贊成都憲協議公擧備三望　奏聞取　旨點用

第三條　二品勅任官正從之階均由　聖旨裁奪初授爲從二品仕滿三十六個月終始廉謹例陞正二品其有殊勳起績者 聖旨特陞不在此限

第四條　奏任官由各該衙門大臣秉公選拔開具該員官職姓名年貫居住並學識履歷呈送總理大臣轉付都察院評議可否還呈總理大臣 奏聞施行

第五條　奏任官陞秩自六品至四品仕滿二十四個月終始廉謹例陞一階自四品至三品俟缺陞補惟未滿

二十四個月者不准逕遷其有成績可紀者不在此例
第六條　判任官各該衙門大臣選取人員送銓考局試
驗後由該大臣直上薦書于承宣院　啓下成給奉
敎職帖
第七條　判任官陞秩仕滿二十四個月終始廉謹者例
陞一階惟陞遷奏任必諳送驗銓考局復照第五條施
行其有才諝超異者不在此例
第八條　技術官各隨其才分別收用不拘資格另定俸
金事

警務廳官制職掌

一左右捕廳合設警務廳隷屬內務衙門掌漢城府五部
字內一切警察事務
一警務使一員副管一員警務官　員書記官　員總巡
　員巡檢　員
一摠務局副管主之警務官　員襄助左開事務營業
場　市　會社　製造所　敎堂　講堂　道場　演
藝　遊戲所　徽章　裝飾　彩會　賭博　船舶
河岸　道路橋梁　鐵道　電線　公園　車馬　建
築　田野　漁獵　人命傷痍　羣集喧嘩　銃砲火
藥　發火物　刀劒　水災　火災　漂破船　遺失

物　埋藏物　傳染病豫防　消毒　檢疫　種痘
食物　飮水　醫藥　家畜　屠場　墓地其他有關
衛生事務一切罪人搜捕　蒐集證據物付之總巡
瘋癲　棄兒　迷兒　結社　集會新文雜誌圖書其
他板印等警察事務
一本廳另寘監禁一員副監禁一員監守一員摠巡兼之
監禁書記一員押? 十員巡檢兼之
一警務使一員爲　勅任受內務大臣節制總轄漢城府
五部字內警察及監禁事務查拿該罪犯分別輕重移
送法司聽判

一警務使遇有重大警務則　稟明總理大臣聽候核施
其他有干各府衙職權者　稟聽各개大臣核施
一警務使用其固有之職權或有各府衙門掌任之事不
踰法律範限之內卽可聽施若事涉漢城府尹所管者
與該府尹協議交押後辦理
一警務使統督所管官員惟奏任官黜陟申請內務大臣
處理判任官以下得專行黜陟
一警務使職權可得節制五部官員
一凡本廳所管局課支署非經由內務大臣　奏明裁可
則警務使不得分合癈置又不得增減奏任官

一警務使每於年終詳具判任官以下執務實狀及經費
總表申呈內務大臣
一警務使遵所定法律命令得行賞罰 奏任官則申請
內務大臣處理判任官以下得專行
一警務使擬定本廳執務章程則申請內務大臣裁示
一警務副官一員爲 奏任幫襄警務使執行事務
一書記爲判任受警務使節制掌記錄簿及計算
一警務官及總巡爲判任受警務使及副管節制執行自
己職權
一監禁爲判任受警務使節制掌監獄一切事務管理監

禁書記監守以下諸職員
一副監禁幫襄監禁執行事務
一監禁書記爲判任受監禁節制掌記錄簿籍及計算
一監守爲判任受監禁副監禁節制檢察獄務指揮押牢
一巡檢及監守職務別有章程
一五部字內分置警察支署 所分掌各部內警察事務
每署署長一員警務官兼之書記二員巡檢 員
一警察支署署長受警務使及副管節制總轄所掌部內
警務董率巡檢遍行視察以保安謐
一支署書記受署長節制掌記錄簿籍計算兼具部內警

察實在情形呈署長查閱每月終由署長申報警務使

行政警察章程

第一節

一行政警務之爲務在防民災害馴致靜謐

一各地方長官使警務官總巡分掌撫民事務分泒便宜

去處董率巡檢行巡邏查察

三大別職掌爲四　一防護爲民妨害事務　二保護健

康事　三制止放蕩淫逸事　四探捕欲犯國法者於

隱密中事

四行正警務有所未及솰察若背法律則此等搜索逮捕

是爲司法警務職務行政警務擬行此務宜從檢事章

程及司法警務規則

五警務官吏務夻公同裨益不可發揚一家隱微小惡又

不可濫貪己功以誤警務一切事務

第二節總巡執務章程

一各處所泒總巡時時集會本廳共商事務期無異同

二凡布告飭示詳敎其意於巡檢期無誤解

三時時巡視所管部內査察其情景及巡檢勤謾又要誌

識人口戶數民業等事

四部內警査實狀月報長官若遇非常緊急事件宜報長

官或警報長官

五有所飭示訊問於　勅奏任等位高官吏則招致其執事者判任官以下士族平民直招其人

六違警犯人按據違警章程處斷後申報長官事或貳疑難判者請長官處決

第三節巡檢職務章程

一其職務一依第一節第三條執行

二所管部內居民暨道路行人若遇困難來請求護不拘何時出力排解遇有關人性命之危亟請就近醫員以行治療

三老幼婦女폐疾之人尤宜極力保護

四常察部內戶口男女老幼及其爲人善惡又要? 心於無恆業散慢者

五部內有自他移居者直查該人平昔閱歷及現執何業等事

六凡有布告飭示等新令之出務察人民信服與否報于總巡

七巡行中凡關職務之一切事狀즉一詳記報于總巡

八街路? 市羣聚雜遝有潰風紀亟宜制止

九如有稚兒迷失道路未詳所住姑先使洞任看護廣行

考試以待其父母親戚自來率去隨卽具狀于總巡
十如有放失牛馬未詳原主姑先使洞任收留廣行告示
以待개主之來領
十一如有醉酒亂性者及瘋病人使近地人民看護若或
暴動捉付洞任
十二如有瘋犬亂行街路隨卽令近地人民撲? 除害棄
之屛處
十三如有死屍在街路上詳細行檢後具狀于總巡以待
指揮
十四獸畜死骸直令洞任設法遠棄

十五如有人家門戶入夜不關卽使其主點檢關鎖
十六如有殊常之類潛行街路隨卽捉訊事有可疑狎付
　巡檢所或密報總巡待其發落斷不可率爾行之
十七如有失火巡檢必打號齊集助其? 災人出力撲滅
人民亂集救護之? 毋使雜遝以防竊取
十八遇有上條救火時先救人次書類金貨公廨則先救
　存案公牘
　　第四節違警罪卽決章程
一警務支署所管部內如有犯違警罪者該署長或署理
官吏卽行處決

二卽決之法不依裁判正例訊取本人口供直決之又或
被告人雖未經對辨可將直決文件送致之
三被告人接到直決文件得向違警罪裁判所請正式裁
判但未經正式裁判之前不得上告高等法院
四直決文件必詳載被告人姓名居住職業犯罪處所年
月日時罪名刑名與請求正式裁判之緣由期限並某
年月日經某警務署某官吏直決等項
五欲請正式裁判者先行聲明於直決文件所發之警務
署其期限如係第二條第一項之事機自文件受領日
起三日以內如係同條第二項之事機爲五日以內

六警務署接到右項聲明書在二十四個時辰內送致本
訴訟所關一切文件于違警罪裁判所檢察官
七於第五條所定期限不行請求正式裁判當以直決文
件爲正

第五節巡檢選用章程

一巡檢必經試驗始可選用但受有精勤證書者不在此
限
二巡檢必品行端正身體强壯年齡二十三歲至四十歲
不曾犯重罪者始可選用
三巡檢試驗之法必通解刑法訟法警務法概略及國漢

文往復式乃許入選警務使與總巡二人以上在本廳
開試
四巡檢奉職滿五年以上受有精勤證書且有優才異等
者可陞總巡漸次進階爲高等總巡

各府各衙門通行規則

第一條　各府衙卽議政府內務外務度支軍務法務農
商學務工務諸衙門也
第二條　府衙各大臣各守其職權以行其事務無相踰
越凡係職權內事務有涉兩衙門以上者各該大臣會
同商確妥定　奏聞若有不能決定者提出該案于議

政府聽總理大臣裁決
第三條　凡法律　勅令有關各大臣管內事務者該大
臣與總理大臣署名書押
第四條　各大臣職權內事務有要法律　勅令之變通
者具案提出于議政府聯署　奏聞後卽行妥決
第五條　各大臣所管職權或特別委任在法律　勅令
範限內克行施착
第六條　各大臣命令得施罰金二十五元以下及二十
五日以內之監禁於其管下官員
第七條　各大臣在法律　勅令範限內得裁定該府衙

各局課及所轄屬司視務細則

第八條　除署押法律　勅令陳奏府衙事務就列政府會議發令外司奏請協辦署理職務或臨時一部均由自行

第九條　各大臣以其職權得發命令指揮於警務使及各地方長官

第十條　各大臣以其職權監督警務使及各地方長官該警務使地方長官之行政有違成規侵害公益越權挺行則或命停止或行全廢

第十一條　各大臣統督所管官員奏任以上之進退均

請由總理大臣上奏判任以下均得專行

第十二條 各大臣其所管官員陞叙錄勳及賞典均請由總理大臣上奏請命

第十三條 各大臣非經議政府會議裁可則不得廢置分合局課增減 勅奏任官

第十四條 各大臣豫筭已定後不得請臨時增? 別項支出惟事係不得已者不在此限

第十五條　各大臣在俸給定? 內得增減判任員數

第十六條　各大臣將所管內行政得失隋時申報總理大臣

第十七條　各大臣將年終會計簿並詳具前年功程經
由總理大臣上奏
第十八條　各大臣至年終詳具判任官以下執務狀況
及雇員俸額具呈總理大臣
第十九條　各大臣至年終奏任以下特有勤勞者在該
管經費定? 內得行施賞載明官報
第二十條　各大臣不得使所管官吏關涉他衙事務若
有不得已要用則提出于議會申請可否
第二十一條　各大臣爲行臨時審查就定員內從便差
委委員

第二十二條　各大臣遵法律　勅令之所定得懲戒管
下奏任官以下
第二十三條　各府衙大臣協辦爲　勅任叅議及主事
由四品至六品爲奏任由七品至九品爲判任
第二十四條　協辦以大臣命令依第八條或署理大臣
職務
第二十五條　協辦爲大臣署理則得署名于公文公牘
第二十六條　協辦爲總務局長官監督各局課又有整
理衙務全部之責
第二十七條　總務局保管該衙門大臣親展文書機密

事務及官吏黜陟

第二十八條　秘書官專屬大臣掌管總務局事務

第二十九條　各府衙總務局置文書課往復課報告課記錄課分掌事務

第三十條　文書課審查各局成案及起草等事務

第三十一條　往復課專掌各府衙所來公文成案之接受發送

第三十二條　報告課採輯各局課統計案件作爲表本以供大臣查閱兼送官報局揭載官報

第三十三條　記錄課蒐集一切衙門事務文案編?

-331-

第三十四條　各局叅議爲局長四品主事爲次長有局長則不置次長有次長則不置局長

第三十五條　局長受大臣命令行其職權管理各課事務

第三十六條　局中各課置課長一人主事爲之受局長指揮分掌事務

第三十七條　各府衙或要備問委員則其事項提出于議會申請裁可

第三十八條　各府衙所到文牒總務局往復課長接受開封將該件名號詳記簿籍以備總務局長查閱

-332-

第三十九條　總務局長찰閱文牒倘遇緊要事件轉呈該大臣查閱其他尋常事件送示各該主務局檢印後付之往復課長仍令分送各處

第四十條　大臣之親展文牒亦由往復長記號于封皮上或直呈大臣或送付秘書官

第四十一條　往復課長將應送文牒必先記錄仍令受領者檢印于簿券

第四十二條　各局課長接到所當自辦之文牒必須無踰限期倘事件? 疊或關涉數局則請協辦展期須有允施方可展限辦理

第四十三條　事關數局課之文牒該主務局課起草該案要關係局檢印若彼此異見面議商量或稟決于大臣以聽裁示

第四十四條　各局課已經審查之事案還寄往復課由개課直呈總務局長總務局長詳加查閱後請大臣裁施

第四十五條　總務局長若有異議於各局課成案則令各該局改正又或承大臣之旨指揮於各局長

第四十六條　凡文書已經大臣裁決者往復課淨寫就秘書官轉請大臣鈴印記其件名番號於簿冊後直行

發送其本則記其交付發送之年月日後由往復課檢
印返送于主務處各局課長自行發施者自其局課淨
寫押印移于往復課則往復課記其件名番號於簿冊
後發送之
第四十七條 總務局所起草文案개局長卽爲提出于
大臣請其裁決
第四十八條 凡事之要急施又係機密者不由常例直
請大臣裁決另製機密文書件名之簿登錄之
第四十九條 凡爲事務或文書調查有要公文于他官
署者不由往復課得以各局課長之名行之

第五十條 往復課長分發文書于各局課仍定回送日
限倘各局課在日限內不行回送則往復課長可報其
件名及局名于總務局長聽候辦理但因大臣之命要
其뢰置之文書不在此例
第五十一條 各局課文書已經施行者送于記錄課唯
屬機密之文書秘書官奉大臣之命另置之
第五十二條 各府衙會計事務除別有法律命令所定
外凡關金錢出入者可照左開條項
第五十三條 各府衙會計局掌各該府衙會計事務與
管所屬司之豫筭決筭及所有地面舘舍等事局中置

出納課檢查課用度課分掌事務

第五十四條　出納課掌調制該衙門及其所管屬司豫筭金錢出納之諸文簿整頓計算表

第五十五條　檢査課掌檢査金錢出納之當否及各般證書之事

第五十六條　用度課掌所管地面舘舍其他一切需用物品所關事務

第五十七條　月俸及旅費其他一切經費並關收入之事出納課管理之凡有諸般經費時摘節事由要領書于出納傳票送致局長則局長認爲妥當令檢査後請

大臣裁決始許行收入及支出之方便

第五十八條　出納課認出納傳票所鈐局長並各課經由之檢印登記其出納于文簿每日將其剩額表以供局長査閱

第五十九條　凡記簿上有誤寫脫字者一切不許改描塗抹詳記其事由主務者鈐印

第六十條　檢査課長受局長之旨隨時檢査局中各般之文簿證書

第六十一條　凡係金錢出納之文書可有定時以處理之雖有錯綜事件不有局長準許不得過期但其處理

之定期各任該衙門定行

第六十二條　凡係營繕者自用度課申告局長認爲妥當經檢查課檢查後得大臣協辦之准可方可辦理

第六十三條　府衙內日常必要物品由用度課總行管守每至需用之時以各局課長之證票請求之

第六十四條　用度課掌該府衙內管守事務製各種物品出入文簿使明確其出入

第六十五條　除前條所揭外屬於會計局所掌者皆歸各府衙自行商定

草　記　　開國五百三年七月十五日

軍國機務處　啓曰諸議員臣本日議案各條謹具淸單恭呈　乙覽冀蒙　允施之意敢　啓

議　案

一罪人閔泳駿盜弄權柄罔　上虐民妖女金昌烈母假托神靈操縱威福誅戮未加輿情如沸乃於月前有刑曹叅議池錫永之疏而尙未承　允兪之處分誠不勝抑?之至此非池錫永一人之言卽擧國公共之論也宜拿來嚴?明正其罪以罪人閔炯植言之貪饕成習狂?無論管轄三道毒流百姓此而容貸其何以謝南

民也並施當律以洩神人之憤事

一方伯守令及卿宰鄉豪置標立案勒奪私山爲殘民切骨之寃亟令詳核掘標銷案另立禁條事

一十年以內田地山林家屋等産爲藩梱守宰及豪右所强佔與減價勒買者由本主據實呈單于軍國機務處該呈單內要有證人二名以上及土在官衆所共知明確証據則查實推還原主倘有假冒代辨者搆捏虛無者數爻相左者亦照律嚴懲事

一實施日期在卽正從一二品官預蒙　勅派以便趂期擧行事

一各府衙門各置外國雇員一人以備顧問事

批曰閔泳駿閔炯植事已爲處分自有無刑之期

草 記　　開國五百三年七月十六日

軍國機務處　啓曰諸議員臣本日議案恭呈　乙覽冀蒙允施之意敢　啓

議 案

一妖女金昌烈母正罪己蒙　處分當飭左右捕廳刻期詗捉而罪人閔泳駿閔炯植事尙靳　允兪不勝抑?之至亟回　天聽以答輿情事　批曰公議如此當有處分矣

草 記　　開國五百三年七月十六日

軍國機務處 啓曰諸議員臣所議章程各條謹具淸單恭呈 乙覽冀蒙 允施之意敢 啓

官員服務紀律

第一條　凡爲官員者務要忠順勤勉謹愼근切一遵法律命令各盡其職務

第二條　官員可以其職務遵守本屬長官之命令或對其命令申述己見

第三條　官吏不問其職務所關與否毋爲貪汚之行毋濫用威權

第四條　官員職務不問自他關係禁漏洩機密其退職後亦同又因法律關係作證人或保人就受職務內訊問除受本屬長官許可外不得供述

第五條　官員不可將職務內未發文書私示關係人處

第六條　官員不可擔擱職務亦不可擅離職所

第七條　官員不得爲營業會社之社長或事務員

第八條　官員不可寅緣職務受人情費又不得受他人贈遺若由外國　君主或政府所授勳章及榮賜等物經　勅許後始可受領

第九條　凡爲上官者不問其職務所關與否不可受所

屬官吏之贈遺

第十條　官員非有本屬長官之許可不得兼行他事務以謀其俸給

第十一條　官員不有政府所許不得私用官馬亦不得乘船無賃

第十二條　官員若有過失受懲戒處分時不可隱蔽其事情以滋上宮眩惑

第十三條　本紀律自二品至九品官皆可奉守

官員懲戒例

第一條　官員除有私罪外以職務關係有過失則本屬

長官有懲戒之權
第二條　懲戒之法有三條一日譴責二日罰俸三日免
職
第三條　譴責懲戒之輕者其本屬長官付與譴責書
第四條　罰俸之法少不下一個月俸十分之一多不過
三個月全俸其例奪一個月俸半額以下者直從一個
月俸內扣除其以上各就每朔俸半額扣除筭滿後送
于度支衙門
第五條　免職之法只行於奏任以下本屬長官具狀
奏請收其職牒但自願免職者長官使本人呈辭職書

後可行許免
第六條　其有心故犯人于私罪者雖屬職務內關係移
請法務官裁判本長官不得專行處理
第七條　凡以懲戒免職者不過二箇年以上則無論本
他府衙不可收用自願免職者不在此例
官　秩
正一品爲大匡輔國崇祿大夫　　議政府總理大臣
批曰議政府上添書
嫡王孫
爲上輔國崇祿大夫　宗親資窮君國舅都尉資
窮雖外朝臣特授則有之
批曰宗親上添書王孫雖
外朝以下九字改書如有

處地逈別禮遇
特異或有特授

從一品爲崇政大夫　各衙門大臣及議政府左右贊成
曾經輔國崇祿無碍通任品階以
原資施行

正二品爲資憲大夫　各府衙協辦及議政府都憲警務
使

從二品爲嘉善大夫　曾經正憲嘉義無碍通任品階以
原資施行

以上勅任官

三品爲通政大夫　各府衙叅議

四品爲奉正郎　各府衙主事及警務副官

五品爲通善郎　曾經通訓以下無碍進任品階以原資

六品爲承訓郎　施行

以上奏任官

七品爲務功郎

八品爲通仕郎　各衙門主事及警務官書記官總巡

九品爲從仕郎

以上判任官

品俸月表

無階	大君		
	王子君	三百五十元	
正一品	嫡王孫 王孫	三百元	領宗正領敦寧0宗
	總理大臣		親儀賓隨品頒給
從一品	左右替成	二百元	
	各衙門大臣		
正二品	都憲 各府衙	一百五十元	
	協辦 警務使		
從二品	都憲 各府衙	一百二十元	
	協辦 警務使		
三品	各府衙叅議	八十元	
四品	各府衙主事	四十元	
五品	各府衙主事	三十五元	
六品	各府衙主事	三十元	

七品	各府衙主事	二十五元
八品	各府衙主事	二十元
九品	各府衙主事	十五元

草 記 開國五百三年七月十七日

軍國機務處 启曰諸議員臣本日議案各條謹具淸單

恭呈 乙覽冀蒙 允施之意敢 启

議 案

一李埈鎔議員 启差事雖蒙不必加差之 處分現帶

議政府有司之任有異前日本處議員特爲差下事

批曰已有前旨姑徐

一自今遵萬國通例各國使節 陛見時准其乘轎至待

候所門外事

一文蔭武官當屬散班者依本月初八日議案附屬于議

政府之中樞院酌予官俸令院長管理至雜職及吏隷

之未入新額者仍令隷屬于各該移屬衙門照舊給料

事

一凡醫譯雜職及賞加人等爲各府衙門奏判官者悉從

新授階級施行原資勿拘事

草 記 開國五百三年七月十八日

軍國機務處 启曰諸議員臣本日議案各條謹具清單

恭呈 乙覽冀蒙 允施之意敢 启

議 案

一兩銓今將革罷矣監■梱師以下至郡縣及履歷僉使

由總理大臣會同各衙門大臣贊成都憲協議公擧二

品以上則備望 奏聞取 旨點用三品以下單望

奏聞後差遣中軍虞侯由道師臣子辟開單呈送總理

大臣 奏聞察訪由工務大臣選拔監牧官由內務大

臣選拔鎭堡官由軍務大臣選拔依內職判任例施行

至外任署經之規惟於總理大臣贊成都憲各衙門大

臣外槪行革除由實施日起施行俟地方制度妥定後

再行酌改事

一宮內府大小官員不得兼各府衙門官各府衙門大小

官員亦不得兼宮內府官事

一實施日期只隔各府衙事務漸繁由本月十九日起議

會姑停實施日以後間一日齊赴于機務處依例會議

遇有緊重事務由議長通知諸議員隨時來會事

一各衙門大臣及將臣警務使兼軍國機務處會議員事

一軍務大臣上來前協辦署理事

一新設各府衙門處所議定事

一各司之分屬於各衙門者開錄　奏聞事

一漢城府判尹少尹外左右尹減下判官主簿? 以主事

事

各府衙門所屬各司開錄

宮內府　政院尙瑞院　經筵廳　承文院　藝女官　奎章閣

弘文館　春秋館

校書館　寫字廳　通禮院　掌樂院　內需司

圖書署

龍洞宮　於義宮　四宮　長興庫　司饔院冰

明禮宮　壽進宮　庫

禮賓寺　尙衣院　濟用監　內醫院　典醫監　侍講院

翊衛司　講書院　內侍司掖庭署　命婦司　太

衛從寺　排設房

僕寺　殿閣司　繕工監

議政府　中樞府　耆老所　忠勳府　司憲府　司諫

院

宗正府　宗親府　敦寧府　儀賓府

宗伯府　禮曹　宗廟　社稷　永禧殿　景慕宮　陵
園　墓　長生殿　文禧廟　永昭廟　儲
慶宮　禧嬪宮　? 祥宮　延祐宮　景祐宮
德興大院君祠宇　全溪大院君祠宇　奉
常寺　典設司　典牲暑
內務衙門　內務府　吏曹　濟衆院
外務衙門
度支衙門　戶曹　親軍營　宣惠廳　廣興倉　軍資
監 轉運署　別營
軍務衙門　兵曹　鍊武公院　摠禦營　統衛營　壯

－359－

衛營　經理廳　扈衛廳　訓鍊院　軍職廳
龍虎營　機器局　宣傳官廳　守門將廳
部將廳
法務衙門　刑曹　典獄　律學
農商衙門　種牧局
學務衙門　觀象監　育英公院　司譯院
工務衙門　工曹　電郵局　礦務局
成均館　四學
漢城府
警務廳　左右捕廳　左右巡廳　五部

－360－

草 記　　開國五百三年七月十九日

軍國機務處　启曰內務大臣븐泳達尙未肅　命法務

大臣尹用求陳疏未承　批實施日期在卽事務俱係緊

急內務協辦李埈鎔法務協辦金鶴羽並令署理何如

草　記　　開國五百三年七月十九日

義政府 启曰職制今旣變通事務明將實施矣各司前

任堂郎並減下令銓考局送付中樞院正一品原任義政

稱以領中樞院事輔國及從一品稱以判中樞院事正二

品稱以知中樞院事從二品稱以同知中樞院事正三品

稱以僉知中樞院事堂下三品以下勿論文蔭武並稱中

樞院員外郎單付何如

新設各府衙門義定處所開錄

義政府 仍舊

宮內府 前內務府

內務衙門 前吏曹

外務衙門 仍用交涉衙門

度支衙門 前戶曹

法務衙門 前刑曹

工務衙門 前工曹

學務衙門 前禮曹

軍務衙門 前兵曹

-363-

農商衙門 前司憲府

宗政府 仍用前宗親府

宗伯府 前長興庫

-364-

草　記　開國五百三年七月二十二日

軍國機務處　啓曰諸義員臣本日義案各條謹具淸單

恭呈　乙覽冀蒙　允施之意敢　啓

義　案

一典獄付之警務廳勿論大小罪人均照警務廳條■槪
行判定而罪案之錯綜難究者由警務使具明文案特
派管員解交該犯于法務衙門訊問決罪事

一公罪條例速爲磨鍊事

一大小官員上疏除辭職及獻策言事外凡係劾論等事
啓下義政府付之都察院傳問劾員査得實狀實證後

稟處事

宮內府　　宗正府　　宗伯府官制

一宮內府掌　宮內各司統率諸官
一大臣一員協辦一員叅義三員主事三員　一員秘書 官一員檢
査 委員五員
一承宣院掌出納　王命記注記事尙瑞品秩檢査都
承宣一員左承宣一員右承宣一員左副承宣一員
右副承宣一員記注二員兼尙瑞 主事記事二員 一員兼品秩主
事一員兼檢事主事香室禁漏主事二員
一經筵廳掌講讀誥命弘文藝文並大學士一員學士一員

副學士一員侍講二員侍讀二員

一奎章閣敬奉 御眞掌謨訓圖書 校書 圖書 寫字並

一員直學士一員直殿一員待制一員秘書主事二

員圖書主事二員寫字主事二員閣監主事二員

一通禮院掌蹝導臚唱引接內外使臣左通禮一員右

通禮一員相禮一員翊禮一員奉禮一員鴻臚八員

一掌樂院掌雅樂提擧一員承宣中兼

一內需司掌內用米布錢貨及一切雜物提擧不必磨

鍊內需司各宮大小擧行次知一員依前仍之本司

則旣有別座別提凡於擧行仍舊爲之原額依通編

施行主事寘之遇有事務之不得擅斷者該司別座

牒報于宮內府各該宮則首掌務手本于宮內府施

行

一司饔院掌 御膳及 闕內供饋 氷庫 禮賓並 提擧四員

一 員宗正協辨中兼若大君王子君婦王孫君宗正

大臣中爲之以都提擧稱上輪因領宗正以?並

稱提擧二員承宣 兼一員輪德兼 主事三員

一尙衣院掌供 禦衣襨濟用並提擧二員一員宗正協辨中兼一員

承宣中兼主事二員

一內醫院掌調和 御藥典醫並提擧二員 一員宗正協 辨中兼若大

君王子君嫡王孫君宗正大臣中爲之以都提擧爲

稱上輔國領宗正以下並稱提擧一員承宣中兼

太醫八員議藥同叅無過三員

一太僕寺掌與馬■牧提擧一員宗正協辦中兼

守護內侍　員

一會計司掌 宮內一應財簿提擧一員協辦並主事三

員

一命婦司尙宮以下隨所用因時加減

大殿 侍女一百人

大妃殿　侍女一百人

中宮殿 侍女一百人

世子宮 侍女六十人

世子嬪궁 侍女四十人

世孫宮　侍女五十人

世孫嬪宮 侍女三十人

一內侍司掌監膳傳令門掃除掖庭 排設 儀仗並 知事一

員內侍中秩高人爲之尙膳以下至長 番守宮及各差備隨所

用因時加減　排設之各項幕次例掖署手本

于　宮內府以爲叅酌施行

大殿 中宮五十員

世子宮　中官二十員

世孫宮　中官十五員

大妃殿　中官十員

中宮殿　中官十員

世子嬪宮　中官八員

世孫嬪宮　中官六員

一侍講院掌侍講經史■諷道義　翊衛司 講書院 衛從司 轉養廳並

帥一員曾經議政府 大臣中兼 傳一員 曾經議政府大臣中兼 若乏
人則大學士兼

貳帥一員 曾經大學士贊成中擬望 賓客二員 經筵學士奎章閣 學
士協辦中兼

贊善一員位虛則無轉德一員弼善一員進善一員位虛則無

文學一■司書一■司書 一■說書 一■諮議 位虛則無 翊衛

司翊衛一■司禦一■翊贊一■衛率一■副率一

■侍直一■洗馬一■典二■講書院帥 曾經從 一品大

臣贊成中兼 傳一■曾經從一品大臣贊成中兼 諭一翊善一■

勸讀一■贊讀一員衛從司長史二員從史二員轉

養廳轉養官一員諭一員

一宗正府奉藏 譜牒封進衣襨統領 ■ 源諸泒

一大君王子無嫡階 君王子無階君嫡王孫正一品大臣輔國君王孫正
一品上輔國君

宗親承襲正一品至從二品 領宗正府事 大君王子嫡王孫 王孫例兼
無定數位虛則■■■■■宗姓十寸以內大臣中一人兼而如有二人
下位降

付行判宗正雖非大官如有處地逈別禮遇特異或

特授以上輔國施行 判宗正府事 宗姓大臣及承 襲君宗姓十 寸以內朝官階至正一品者
兼無定數位虛則從一品一人兼而正一品則行判宗正 知宗政府事 承襲君及宗姓十寸
以內階至正二品以上者兼從一品則以行知宗正例付 宗正卿 大君子初授及承襲君宗姓十
寸以內階至從二品者兼大院君大君王子君嫡王
孫君王孫君嫡長孫不計寸數階至從二品例授以
上隨品倣此 都政 大君衆子王子之子初授及大院君嫡長孫階至堂上者兼位虛則武 正
大君孫王子衆子嫡王孫之子初授位虛則無 璿
源譜略修整時一員加設以詞臣差下兼史銜竣事
後減下 副正 大君衆孫王子之孫嫡王孫之衆子王孫之子初授仕滿則階遷位虛則無主
簿 大君曾孫王子之衆孫嫡王孫之孫王 孫之衆子初授仕滿則遷位虛則無 直長大君衆曾
孫王子之曾孫嫡王孫之衆孫王 孫之孫初授仕滿則遷位虛則無 奉事 大君玄孫王 子衆曾孫嫡
王孫之曾孫王孫之衆孫 初授仕滿則遷位虛則無 副奉事 王子玄孫嫡王孫 之衆曾孫王孫之

曾孫初授仕滿則遷位虛則無 叅奉 王孫衆曾孫及大院君嫡長 孫初授仕滿則遷位虛則無典
籤一員典簿一員主事二員
一儀賓院尙公主翁主者之署尉 尙公主者初授從一 品尙翁主者初授從
二品以至正一 品並用邑號 副尉 尙郡主者初授從二 以至正一品用邑號 僉尉尙縣
主者初授正三品以 至正一品用邑號 主事一員
一敦寧院奉藏 王親外戚譜牒之署 府院君 王妃 父例
授 領事 國舅例兼位虛則領宗 正中爲之位虛則無 判事 資窮宗親儀賓 中爲之位虛則
無 知事 尙公主儀賓以行知事初付位 虛則宗親中爲之位虛則無 同知事 尙翁主儀
賓尙郡主副尉初授位虛 則宗親中爲之位虛則無 都正一員 王妃父階資初授尙縣主僉尉
初授位 虛則無 直長 大君女婿例 授位則無 副直長 大君衆女婿王子 女婿嫡王孫女婿

例授位 虛則無 奉事 王子衆女婿王孫女 婿例授位虛則無 副奉事 王孫衆女 婿例授位

虛則無 叅奉 王妃父初授公翁主郡 縣主子例授位虛則無 主事二員

一宗伯府掌祭典及議謚 廟社殿宮長生殿陵園宮 廟墓奉常典牲典設並

一大宗伯一員宮內大臣兼 宗伯一員宮內協辨兼 叅議一員宮內

叅議兼 祀享官三十員亞卿以下 主事二員

一宗廟署提擧一員 大宗伯兼 令三員叅奉一員 大君王子 嫡王孫王

孫祀孫中調用自宗府備望

越送差出待仕滿階作令

一社稷署提擧一員大宗伯兼 令三員

一永禧殿提擧一員 大宗伯兼 令二員叅奉一員 仕滿則 階作令

一景慕宮提擧一員大宗伯兼 令三員

一各殿廟陵園官各二員 陵則令一叅奉一顯隆國外 園則令一守奉官一各叅奉

守奉官仕滿

則階作令

一■源殿守直中官四員 內侍司 擧行

一各廟各宮守直中官各二員 由內侍 司擧行 一奉常寺提擧一員 宗伯兼 主事三員

一典牲署提擧一員 叅議兼 主事二員

一香室忠義二員 紀功局主事兼

一典設司主事二員 奉常寺主事兼

宮內府總制

一協辨有闕則大臣與大學士學士會薦擬望受點

一大學士有闕則大臣與曾經大學士時任學士協辦會
薦擬望受點曾經人與前薦人前望受點
一學士副學士有闕則大臣與協辦叅議中一員薦擬受
點曾經人與前薦人或前望受點或備望受點
一奎章學士曾經 經筵學士中長望受點直學士曾經
副學士中長望受點一贊善進善諮議以儒賢抄選人中單付
一侍講侍讀則副學士會薦送單子 宮內府擬望受點
曾經不在此限
一直殿待制 奎章閣學士以下會薦送單于 宮內府

擬望受點照舊例閣錄施行事
一承宣依舊例長望受點若新通則大臣薦擬以入而
經筵叅贊官依舊例兼陞降座次自本院單付以入記
注記事曾經人會薦送單于 宮內府擬望受點而雖
非春秋兼銜依舊例記注滿十五朔陞六已經翰圈人
不待更薦例擬記事都承宣藥提尙瑞正例兼房望
宮內府議政府內務衙左承宣樂提例兼房望度支衙
農商衙漢城府右承宣衣提例兼房望宗伯府成均館
學務衙外務衙左副承宣饔提例兼房望軍務衙警務
廳右副承宣饔提例兼房望法務衙房望一定

無升降而若値該房未仕則在院下位依例兼管事

一副率侍直洗馬滿三十朔則陞付衛率叅奉滿四十五

朔則陞作令非有闕則無得差代

一太僕寺官員本提擧依舊例自辟越望于 宮內府入

啓受點

一宮內府所管諸職本大臣注擬受點奏判任則草記差

下

一前望則各司預爲修正待 命入 啓事

一經筵廳副學士以下與 奎章各直學士以下侍講院

輔德以下並知製敎例兼

一承宣院 經筵春桂坊直次皆以一人磨鍊 召對有

命則上下番備員入對事猝地備員未免窘急只以入直一人入對

一祭官自宗伯府塡差事

一主事與秘書典書並仍其職陞六待有闕差代事

一未盡條件追後磨鍊

草記　開國五百三年七月二十四日
軍國機務處　啓曰諸議員臣本日議案各條謹具清單
恭呈 乙覽冀蒙　允施之意敢　啓
議案
一義禁府改稱以義禁司只治官員公罪事　命下矣公
罪條例不得不制定而謹按官員懲戒例只載有譴責
罰俸免職三條此三條外另添監禁一條定爲原則事
各道上納之許代純錢行將闕餉矣米商會社不容不
亟設則都下米廛大行首及五江江主人與貿米坐賈
熟諳商務者並許合股結社由農商衙門特給官許文

憑妥定■則以便工納兼興商務事
一凡漢城府所管一切㕍訴付之警務廳但事關內外商
民者該府尹會同該管領事訊明罪由然後具明
文件解交于警務廳而大小法衙巡檢皀■等如有拷
掠 ■笞索取賄賂者聽民自赴都察院鳴寃事
一紅蔘一■永付度支衙門另定條■事

草記 開國五百三年七月二十六日

軍國機務處 啓曰諸議員臣本日議案各條謹具清單

恭呈 乙覽冀蒙 允施之意敢 啓

議 案

一非公幹冒入 闕門與無省記留宿 禁中者一切嚴

禁而如有現發則由 宮內大臣分別交付法務衙門

或警務廳懲辦事

一警務旣設各營發巡停罷凡屬罪犯雖 掖■勿拘直

獲事

一親衛營行將設置而下士官敎成一節最爲緊要宜選

材力健疾者限二百人延請敎師認眞訓鍊事

一凡法務衙門所制新定律例隨其脫稿送付都察院評

論可否後轉送機務處公認核定事

一忠州德周山城城役費之各邑所收錢

實數與一切用下等項自政府行會于忠淸監司使之

選派妥員詳査封■後修報政府事

草記 開國五百三年七月二十八日

軍國機務處 啓曰諸議員臣本日議案各條謹具清單

恭呈 邑覽冀蒙 允施之意敢 啓

議 案

一小學校教課等書令學務衙門先行編纂事

一地方警務設置之先小官員犯罪在外方應行拿來

者毋論輕重由法務衙門稟 旨後飭下該道臣泒員

送交初到道界一面飭該道臣派員替送若越兩道或

三道者各該地方道臣遞次舉行從前發遣都事書吏

羅將拿來與押送之■ 一切置之事

一各府衙門事務煩劇限五日姑爲停會事

議政府官制增補

一紀功局掌錄勳之事局二員左右贊成兼之主事二

員功臣嫡長孫位至從二品依例封君用邑號

法務衙門官制增補

一義禁司掌治大小官員犯公罪奉 旨就理事務判事

一員 本衙門大臣例兼 知事或同知協辦例兼主事四員本衙門主事

中例兼

學務衙門官制改定及增補

一叅議六員改爲七員主事十八員改爲二十二員

一成均舘知事一員本衙門大臣兼 衆議兼大司成主事兼典籍

一觀象局掌天交曆數測候等事務衆議一員主事六員

正誤

第一卷第二張第五行司甕院當作司饔○第十九張第
八行正約條復當作後○第二十張第十行　階見時衣
服當作公服○第二十六張第九行山藍輿當作小藍輿
○第二十七張第一行凡過高等當作凡遇○第三十七
張第六行紊亂之幣○第四十九張第一行吏胥
當低一字○第六十二張第八行勤謾當作慢○第八十
四張第十行無論當作倫

草記　開國五百三年七月十九日

議政府　啓曰本府及各衙門奏任官謹依 啓下授任式並爲差下將官職姓名開單以入而農商衙門則該大臣奉　命在外不得一體　奏泒判任官則本府及各衙門大臣追當自辟之意敢　啓 傳曰允

議政府

叅議

副護軍　金寅植 朴■陽　朴永斗　宋榮大

金得鍊　並差下已上三品

主事

副司果　鄭夏默 崔錫敏

前佐郎 尹明善

工曹佐郎洪澤厚

內務主事吳世昌 金仁植 洪在箕

僉 正　金吉鍊

典設別提金河■

恭陵叅奉許　憲

公事官　李道承 李啓馨

前敎官　鄭允永

副司勇　朴承■

前主事　白南奎　並差下已上六品

內務衙門

叅議

內務參議朴準陽

漢城少尹鄭萬朝

吏曹叅議李源兢

副護軍 李種元 申炳均 並差下已上三品

主事

副司果　李鍾元　金■鉉 俞鎭贊

前主事　俞星濬

副司果　鄭寅杓　金慶濟

右侍直 金裕曾

主 事 尹泰馹　安璟善 申佐均　朴羲洊

李 琠 並差下已上六品

外務衙門

叅議

叅 議　金夏英　李鶴圭　陵鍾允

內務叅議權在衡

副護軍　金容元　並差下已上三品

主事

主 事 洪禹觀 丁大有 秦尚彦 趙性協

李康夏 安吉壽

前主事　姜華錫

前校理 李啓弼

主 事 玄 采 申泰茂 卞鼎相

前主事　玄映運 並差下已上六品

度支衙門

參議

副護軍　李根教 鄭恆朝 尹泰興 李根培

李教奭　並差下已上三品

副司果 朴寅壽

前監察 柳正秀

前教授 尹岐楨

轉運主事 李■煥 並差下已上階三品

主事

司 果 金應漢 鄭寅壽　徐丙壽

忠勳府都事朴鍾夏

軍資監判官申在億

戶曹佐郎李範學　金裕定

轉運主事片永基

司 果 金近淵 印錫輔

副正字 李貞烈 李上卨

永禧殿叅奉李範臣

廣興奉事李承玉

典圜局委員李鎬成

筭學教授李海萬

前別提 尹任楨 李裕熙 李裕鼎 金憲文

尹鎬楨 韓在鎭 崔錫肇 李容九

並差下已上六品

軍務衙門

叅議

副護軍 申 林 朴準成 朴齊斌 並差下已上三品

機器局委員安 浚 差夏下陞三品

主事

前奉事 尙百鉉

公事官 任麒鎬

訓鍊僉正柳錫膺

司 果 洪祐亨

訓鍊主簿李普熙 並差下已上六品

法務衙門

叅議

副護軍 朴始淳 鄭寅興 並差下已上三品

交涉主事李在正

前主事 張 博 並差下已上陞三品

主事

電郵委員金基肇

機器局司事金始濟

前主事 吳容默

司果 趙鍾緖

前僉正 吳世光

司果 李度翼 並差下已上六品

學務衙門

叅議

副護軍 趙秉健

左承旨 李應翼

內務叅議高永喜

大護軍 李敦修 並差下已上三品

副護軍 李憙翼 並大司成差下三品

前校理 李庚■

典園局委員李商在 並差下已上陞三品

主事

司果 金炳翕

景慕宮令朴周憲 並兼典籍差下已上六品

形曹佐郎李鳳■

上護軍 金載霖

護軍 劉漢鳳

前 正 全泰善

禮賓主簿金在夏

前僉正 全宅周

前判官 李秉懋

前主事 洪永德

前別提 李海德

內務主事安泳中

司 籞 權柔燮

司 勇 李弼均 並差下已上六品

工務衙門

叅 議

副護軍 趙民熙 尹達榮 徐相集 具然韶

並差下已上三品

前■辦 王濟膺

前縣監　宋憲斌 並差下已上陞三品

主事

工曹正郎曹秉一

前縣監　李夏榮

電郵局主事白喆鏞 金樂集 金澈榮

前僉正 玄濟復 並差下已上六品

前主事 朴晶奎 具然壽

前教官 金宅鎭 並差下已上陞六品

警武廳

警務副使

前承旨 李秉勳 差下三品

警務官

左捕從 李奎濚

右捕從 具範書

部 將 李啓薰

摠禦哨官李徹純

前訓鍊判官金東萬

別軍職 白命基 並差下已上六品

綸音 開國五百三年七月二十日

王若日我國家制法之初官無虛役人必稱職挽近以來
百度漸弛漫無統紀國勢委靡寔由於此思維國治宜先
更張爰命總理大臣博採公議申明舊典叅用各國良■
先定職制及應行急務列爲十府衙門勅奏判三等使之
分掌庶務咨惟諸衙門大臣愼簡乃僚惟賢惟能各盡其
任認眞辦理予當責成于政府考其成績明黜陟廓然
大公諧底于王道蕩平之中嗚呼今日是何等也鞏基
定命之道惟在於此咨惟羣工往欽哉

議案第四號

草記 開國五百三年八月初四日

軍國機務處 啓曰諸議員臣本日議案各條謹具淸單

恭呈　乙覽冀蒙　允施之意敢　啓

議　案

一顧今事勢　大君主陛下躬率百官日　御外殿　親

裁萬機然後 王政可擧朝著可淸故曾有　啓稟蒙

允矣當會議之日總裁大臣率議員幾員恭趨 便殿

將當日所議案件陳　奏施行事

一三南之萎民在在梗化騷訌日甚人心靡定鎭撫之方

最屬急務原任大臣中　降旨特委都宣撫之任不日

登程擇要開府嚴飭守宰曉喩人民使之歸化繼泒妥
員帶兵巡行列邑使之彈壓事
一速定結價海邊邑幾兩山郡邑幾火速行會以釋民
■事
一近年各宮各司私擬節目由政府捧甘收取一切勿施
事
一現在本國與日本關係綦重交際尤宜敦密此次報聘
大使愼擇聲望素著之員從速泒遣而駐箚東京辦理
公使減下以諳練交涉事務之員差全權公使事
一現任將臣不宜兼任各府衙協辦存體制事

-407-

一漢城府管轄都下地方人民及掌理各國商民訴訟自
與外邑有異事務較爲緊急判尹減下小尹改稱漢城
府尹爲奏任三品官主事七員以漢城判官主簿吏胥
及五部令都事中由內務衙門依文官授任式分品差
下屬之該府摠務局五員分掌五部事

-408-

草 記 開

國五百三年八月初六日

軍國機務處 啓曰諸議員臣本日議案各條謹具淸單

恭呈 乙覽冀蒙 允施之意敢 啓

議案

一七月二十日以後論劾疏已經 批下者依向日議案
請下議政府付之都察院事 批曰已爲處分不必如
是

一各府衙縮則章程由當該府衙限本月二十日內線成
送宇政府轉交議會公認施行事

一各府衙門事務新剏必資顧問外國人雇用不容少緩

亟令外務衙門刻期招延事

一相臣將臣無論公私行勿拘出城但因公辦事外不准
經宿事

一方今財政甚係緊急典圜局另置總辦一員使之專管
事務令度支衙門設法籌辦不日■鑄以資流通事

一鴉片之禁本非不嚴自今申明舊禁令法務衙門另定
禁條布諭民間事

一凡大小官員不得私自招去警務廳所屬人員雖在各
府衙非經行文知會不得私自招去事

一各港警察官改稱警務官移屬警務廳其黜陟等事自

警務廳申請內務大臣施行事

官秩增補

警務副管改以警務副使陞爲三品警務官陞爲奏任警

務書記官改爲判任主事

內命婦

嬪正一品 貴人從一品 昭儀正二品 淑儀從二品 昭容

正三品 淑容從三品 昭媛正四品 淑媛從四品○尙宮以下

係宮人職當屬宮內府命婦司 尙儀正五品 尙服 尙食從五品 尙

寢 尙功正六品 尙正 尙記從六品 典賓 典衣

典膳正七品 典設 典製 典言從七品 典贊 典飾

典藥正八品 典燈 典彩 典正從八品 奏宮 奏商

奏角正九品 奏變徵 奏徵 奏羽 奏變宮從九品

世子宮

良娣從二品 良媛從三品 承徽從四品 昭訓從五品○守

閨以下係宮人職 守則從六品　掌饌　掌正從七品　掌書

掌縫從八品　掌藏　掌食 掌醫從九品

外命婦　封爵從夫職改嫁者追奪○王妃母　世子女及宗親一品以

上妻並用邑號而

宗親則大君王子君夫人外不用邑號

公主王女嫡　翁主王女庶　府夫人王妃母正一品 郡主王世子女

嫡正一品　縣主王世子女庶一品　奉保夫人大殿乳母從一品

宗親妻

府夫人正一品大君妻　郡夫人正一品王子妻　郡夫人從一品嫡王

孫妻

縣夫人從一品王孫妻

文武官妻

貞敬夫人正從一品　貞夫人正從二品　淑夫人三品　淑人四品

令人五品　恭人六品　宜人七品　安人八品　端人九品

草 記 開國五百三年八月初十日

軍國機務處 啓曰每當會議之日總裁率議員幾員恭趨 便殿將當日所議案件陳 奏施行事曾於本月初四日議案 稟蒙 啓下矣本日會議時總裁因病未叅臣依本處章程代議事務未敢恭趨陳 奏只將議案入徹冀蒙 允施之意敢 啓

議 案

一官員懲戒例載譴責罰俸免職三條官員公罪另添監禁一條而公罪最重者不宜監禁而止增徒流二條定爲律例事

一議案內 稟決各之有關各衙門事務者由政府知會當該衙門定限實施毋或稽緩事

一各營邑捐補錢監硝代錢己排定外一切革罷其他新設各目之己行革罷者並一一修成冊以報政府之意行會各道事

一備荒之穀亟應籌辦令民設立社倉蓄儲米租定期出納最爲良制由政府另定條例頒給各州縣以便遵行事

一美國人李善得解雇其未撥薪金由度支衙門核筭計給事 批曰姑徐

草記 開國五百三年八月十二日

軍國機務處 启曰諸議員臣本日議案各條謹具淸單

恭呈 乙覽冀蒙 允施之意敢 启

議案

一親衛營設始最爲方今急務領率長官稱以 親衛營

都摠管使之編制事 批曰從當處分

一無實職議員依各衙門品階定月俸事

一漢城府判任官由該府尹自行選拔 奏任官由內務

大臣 启差派遣三港口判任官由該港監理自行選

拔 奏任官由外務大臣 启差派遣 奏判任官月

俸均照京各衙門而地方制度改正之先監理體制另

有新定條例事

一國舅房祭需價米旣有度支如例上下從前太常享品

之封送一節永行停止事

一各道還穀中移貿加作等名目自今爲始永行革罷事

一衣制今旣變通則京外不宜異同亟宜行會務期劃一

京外官因公坐起均用章服下官見上官之制公體用

章服私禮用搭護至於外道營邑雜色軍卒服色遵用

京兵之制事

草記 開國五百三年八月十四日

軍國機務處 啓曰諸議員臣本日議案各條謹具清單

恭呈 乙覽冀蒙 允施之意敢 啓

議案

一凡內外大小官員選用之際雖係親屬勿拘公擧由議

政府銓考局將薦主姓名開明記簿倘受職人躬犯私

罪俟裁判後隨罪輕重該薦主罰俸由一個月以上至

三個月爲限(薦主不帶現職者由三 個月至十二個月停望)嚴明薦法

以重公

器事

一各地方官遇有公錢過限上司關促則輒行民貸苟且

彌縫末後還償十不一二貽害於民莫過於此亟令嚴

斷以杜後폐獘事

一贓吏嚴辦原贓入官事及上納中官逋吏逋令道臣查

報以待措處事具載響日議案矣更飭各道道臣嚴查

還徵切禁再徵民間事

一前礦務監理李容翊監理還差下使之董督咸鏡道礦

務所徵稅金每三個月一次呈寄工務衙門轉付度支

衙門事

一警務廳處所以前禮賓寺爲定事

議　案 開國五百三年八月十六日

一罪人自己外緣坐之律一切勿施事已經 啓下矣前
後罪人中所犯至重者有難遽議蕩滌 惟犯人子若孫
及年久而已至澤斬者官人之際無礙通用以示寬大
之典兼廣取人之路事 批曰事係愼重有難遽議

一自今爲始大小官員除拜後出仕日期在京五日外道
則由各該府衙門發關該營轉至該員准以令到日起
京畿十日忠淸江原黃海十五日全羅慶尙平安咸鏡
南道二十日北道濟州三十日著爲定式如過限期則
勅奏任官由議政府 稟旨譴罷判任官由該衙門先

行減下後 上奏已出仕人員計仕進日一個月內因
事給暇外不爲仕進者計日減俸未滿十五日者准未
出仕官員例免職事

一各道都試與取才之規一切革罷事爲先行會再由軍
務衙門另定選武條例事

一各地方官除因公離任外私故受由及新舊交替間廩
俸計日屬之兼官由議政府將此行會事

議案 開國五百三年八月十八日

一外方　進供之■一切革罷其各地方應供物價使度

支衙門妥籌收入移送　宮內府以爲貿辦進排事

一外道各邑之京營邸吏邸債濫捧與利上加利之習一

切嚴禁若係不得不刷給者一依官邊例施行事

一去月十四日議案另擇宰臣分遣黃海平安江原咸鏡

四道布諭朝令洞察民隱嚴核道臣以下臧否事已經

啓下矣現令關西經亂民生之仳離蕩析尤屬可念宣

布慰諭不容暫緩宣諭使差出　勅令卽日登程前往

該地方會同該道道臣妥籌善辦俾各安堵回還時所

歷海西地方亦令一體慰諭後兩道民隱吏治條列登

聞事

二十日■案勿爲頒布

一本處議案俱係有國大改目下急務則

議案第五號

議案 開國五百三年八月二十二一

一本月十八日議案內以前後罪人中所犯至重者有難

遽議蕩滌惟罪人子若孫及年久而已至澤斬者官人

之際無碍通用以示寬大之典兼廣取人之路事入

啓矣及承此案事係愼重有難遽議之　批旨誠不勝

悚惶之至第伏念政治更張百度維新雖卑賤之類苟

有才藝皆得嚮用而惟世累之人獨未能均霑　鴻渥

非但取人之不廣亦有欠於發政施仁之端宜再　奏

天陛亟回　聖聽使廢枳向隅之類均被　聖澤事

一各府衙聘用人數卽日議定令外務衙門依本月初六

日啓下議案招延事

一各府衙勅任官中未出肅與病不行公之員亟宜改差

俾職務無曠事

一議員李泰容病未赴會李源兢金夏英現任外職並減

下事

一工務協辦李道宰同知中樞院事申箕善壯衛營正領

官禹範善並機務處議員差下李道宰申箕善由政府

嚴飭使之不日赴會事

一各道賦稅軍保等一切上納大小米太木布均以代錢

磨鍊事前已議案 啓下矣先由圻甸定結價磨鍊除

平安咸鏡外五道應納米太木布並準石數匹數代錢

收捧供上及頒放亦準石數匹數施行事

一廣州還政久爲民弊不可不釐革由政府定給■例事

官　報　開國五百三年九月初一日

謝恩歡■宣■馬徐相勛○宗伯府今二十五日
中宮殿誕日陳賀時　王世子致詞陳賀之節依例磨
鍊■傳曰權停○內務衙門主事李興柱外任代幼學李
台龍高濟松身病代幼學徐丙舜差下○三南廉察使書
目長城府使閔尙鎬古阜郡守朴源明扶安縣監李喆和
井邑縣監吳學泳爲先罷黜其罪狀令攸司　稟處事○
慶尙監司書目三嘉縣監金永■身病罷黜事又書目寧
海府査官盈德前縣令張華植雖已遽歸本職旣失査體
不可無警該府前府使金濾秀擧措駭妄有此民鬧之激

起不可罷黜而此其罪狀並令攸司　稟處事○去七月
二十五日軍務衙門寅火堡權管金奎亮○議政府軍務
衙門牒呈內宣傳官尹吉炳改差代前承宣李敏燮差下
事○又草記本府主事李道承外任代前分敎官崔基鉉
差下金河■許憲在外韓善會李建昇金在演身病代進
士鄭弼源幼學李建初徐丙建安壽南李周源差下○軍
務衙門摠禦營兵房李根澔改差代落點沈寅澤李根豊李
圭昇騎士將李敏興改差代慶州營將鄭弘基哨官權在
文李秉駿改差代李敏升李奎昌差下○義禁司軍物見
失之魯城縣監金靖圭受賂曠官之長城府使閔尙鎬派

員押上事○又草記時囚罪人李紹榮杖一百收贖告身
盡行追奪梁山郡流三千里定配事
初二日
謝恩右贊成洪鍾軒 弘陵令金斗熙內務主事李台龍
徐丙舜度支主事李長■壯衛營叅領官吳元泳隊官林
炳吉狼川縣監兪鎭萬陽智縣監朴敎陽○昨日議案
一忠孝貤贈所以獎勸也朝臣追榮所以褒寵也且節惠
之典卽朝家報德酬功者而官制新定之後未遑議及誠
一欠事宜自政府另定條例稟 旨施行事 一自開議
以來士民之陳書于機務處者不下數十人就中數人已

爲收用其餘宜另定委員逐一檢查言有可採者提出議
會轉送政府隨才擇用事

官　報　開國五百三年九月初二日

昨日承宣院　启曰警務使李允用刊削之典事　命下矣警務重任不可一日暫曠曾經警務使中兼察與不何以爲之敢　稟　傳曰摠禦使兼察○法務衙門草記因義案蒙　允從今以後捧供　启辭仍爲議處以入事○經理廳管城將李秉輝多日曠直汰去○摠禦營騎士將鄭弘基尙在任所李弼榮身病猝重並改差○議政府外務主事趙性協陞差代前主事金觀濟秦尙彦移差代前僉正李琦李容敎改差代前守奉官鄭衡澤未差代前司果梁柱謙差下○義禁司有失査體之盈德前縣令張華

植擧措駭妄之寧海前府使金潓秀令該道臣派員押上事又草記任應鎬照律杖八十收贖奪告身三等稷山縣徒二年定配事○軍務衙門忠淸兵營左領官單方泰準右領官單廉道希隊官單郭林道李鍾九李泰淳○議政府卽見忠淸前監司李■永魯城民擾更査狀本　啓下者則以爲量餘米二百石見屬運所後取用正稅云者核其稅簿旣沒形跡而狀頭兪致福尙未就捉在逃之朴寬和尹相健李成五尹滋馨今始捉得一體行査白允伯論以首從姑從惟輕今廟堂覆　稟爲辭矣所謂取用米旣無確證首倡又在漏網論以査體未爲成案朴寬和等四

因或叅通文或赴衆會不無綢繆之罪令道臣分輕重刑
配至若白允伯官庭作梗渠旣隨叅專事推諉於狀頭終
不首實萬萬狡惡更加嚴刑期於輸■兪致福及尹相報
尹成七連飭各鎭刻期跟捕嚴覈登 聞事分付何如
傳曰允
初三日
謝恩外務叅議金珏鉉學務叅議李庚■軍務務主事朴齊
■議政府主事安壽南崔基基鉉摠禦兵房沈寅澤壯衛軍
司馬金奎行忠州牧使朴世秉載寧郡守趙台永○度支
協辦金喜洙上疏大槩敢陳切迫之懇冀蒙遽改之 恩

官 報 開國五百三年九月初三日

答度支協辦金喜洙疏曰省疏具悉卿其勿辭往護○議政府同知知中樞院事許璡○內務衙門前承旨呂圭益身死○今初一日義禁司照律高敞縣監金思濬典獄叅奉金在煥各杖一百收贖公罪奉敎依 允功減一等○嶺南宣撫使書目新寧縣監閔泳悳民人起擾有事先避揆以事體不可仍置爲先罷黜其罪狀令攸司 稟處事○外務衙門慶興監理書記官金光鍊差下○法務衙門巡捕兪鎭泰等決杖八十懲勵事 傳曰飭已施矣分揀防送○傳曰右承宣右副承宣許遽前承旨李載德前副護

軍李晳鎬差下○議政府警務使落點許璡金在殷具奭祖○軍務衙門摠禦別將任原鎬千摠李宗鎬騎士將梁弼煥○內務衙門新除授錦山郡守李容德以長水縣監移拜時在任所除 朝辭赴任事○義禁司時囚罪人任應鎬徒二年定配以其父年七十無兄弟獨身只告身盡行追奪放送貪汚昏闒之前大邱判官申學休自現就囚○宗伯金宗漢 明陵陵上修改監董後入來○承宣院啓曰左副承宣李載德時在楊州地斯速乘馹上來事下論何如 傳曰許遽僉中樞徐丙善差下

謝恩左贊成李裕承議政府主事徐丙建　元陵令南廷
薰外務主事金觀濟摠禦哨官李奎昌木浦僉使崔俊成
宣傳官李敏燮○下直平昌郡守沈宜平載寧郡守趙台
永平陵察訪李興柱○前行護軍嚴世永上疏大槩崇秩
重任揆分懍悚敢陳懇迫之實冀蒙還收之 恩事○知
宗正府事李■永上疏大槩敢陳實病沉劇之狀冀蒙新
銜■遞之 恩事

官 報 開國五百三年九月初四日

初三日議案一從前各司之誅求於外道者其目不一大爲民邑之弊今焉新式已頒舊謬自祛 宮內府所屬各司應一體凜遵而外道營邑尙未見的確之公文恐有疑眩之慮宜自政府亟行關飭但藥債筆債舖陳債求請錢罰例錢戶長債等名目行之已久者皆入於該營邑原應下磨鍊中而今於革罷之後必致中間消瀜令各道監營另行査櫛其初無磨鍊而臨時區處者永爲勿施其入於原磨鍊者收納于度支衙門事 一由 宮內府另置進供會社從前 御用物品隨用進排每于月終從時

價核筭出給事 一三道節箑兩營歲儀並爲廢止內此二■徵收於民者永爲革罷公錢中會勘者並輸納度支衙門事 一各營各邑官用物價支定之例一並革罷凡干所需一切從時價貿用事 一七月初二日議案中各府各衙門各軍門不許擅行逮捕施刑事已蒙 啓下矣各宮亦依此例事○傳曰右副承宣許邃前副護軍禹冀■差下○答農商大臣嚴世永疏曰省疏具悉卿其勿辭行公○答都憲李■永疏曰省疏具悉卿其勿辭行公○傳曰在外農商協辦許遽宮內府叅議成岐運差下○謝恩右副承宣李晳鎬左副承宣徐丙善農商衙門協辦成

岐運○議政府僉知中樞院事朴準陽李載德柳完秀○
摠禦兵房沈寅澤身病騎士將梁弼煥尙在任所並改差
○宮內病主事劉鎭容起服察職○傳曰聞總理大臣以
千萬不當引之事廢務處義此何等時也國勢岌業民志
遑急此定君臣上下奮勵孜孜期圖弘業而以彼無倫脊
無證據之謊說作爲撕捱之端是豈以卿斷斷忠愛忍行
於今日者乎公義宜先私情在後此時酬應實惱予心卿
其諒此卽起視務事遣左承宣傳諭○傳曰前守門將金
基泓疏語誣逼大臣至有引義朝著不靖今法務衙門查
奏○壯衛正領官禹範善上疏大槩敢陳憂■之忱亟降

處分事○義禁司有事先避之新寧縣監閔泳悳令該道
臣泒員押上事○左承宣趙秉翊書 啓臣敬奉 聖諭
馳往傳諭于總理大臣金弘集所住處則以爲臣所遭罔
測情踪惶蹙而時値難危不敢遠出城外只得離次席藁
恭俟鈇鉞之誅不意邇列之臣臨宣 聖教十行懇惻諭
之以公義宜先責之以實惱予心臣伏地跪聆不覺感淚
之被面負罪如彼而儌寵至此臣誠震越求死不得際伏
聞陳疏人有令法務查奏之 處分以言獲罪大有關於
朝家擧措行路瞠然聽聞爲駭此又臣不能自安之一端
也到此地頭有不敢慢分抗 命重添一死罪謹當擔還

私第云矣敢　启　答曰知道○義禁司興德縣監李夏榮大邱判官申學休並照律何如　启依　允

初五日

廉察使嚴世永入來○謝恩農商衙門大臣嚴世永外務主事李琦摠禦哨官李敏升議政府主事鄭弼源○下直寧邊府使洪鍾永○總理大臣金弘集上疏大槩敢控危蹙之私乞被　威罰事○宮內府協辦金宗漢上疏大槩敢暴危蹙之私乞被斥退之　恩事○法務叅議朴始淳上疏大槩舊愆方訟新　除荐降敢陳惶蹙之私乞被未盡勘之律事○學務大臣朴定陽上疏大槩敢陳惶蹙之私乞被　威罰事

官　報　　開國五百三年九月初五日

藥房日次問 安 答曰知道 王大妃殿氣候一樣

中宮殿氣候安順卿等不必入侍矣○答法務衙門叅議

朴始淳疏曰省疏具悉往事何必爲引爾其勿辭察職○

承宣院　啓曰新差下右副承宣禹冀■在外上來事

下諭何如　傳曰許遞前校理許■差下○宮內府掌樂

提擧尹容善內醫提擧金宗漢司饔提擧金宗漢○宗正

卿李埈鎔上疏大槩冒控衷實冀蒙使銜變通之　恩事

○內務衙門高敞縣監金思濬身病呈狀改差○去八月

二十八日議案中祭官差遣事 批曰　廟　社　殿

宮享禮自別向據宗伯府奏摺業降批旨矣○ 答總理大

臣金弘集疏曰省疏具悉卿懇昨諭已罄予意巽章又奚

爲而至今日國勢何如民志何如以卿體國之弘量固宜

搢笏不動鎭壓淆俗乃反以千萬不近理之謊說有此過

重之擧予誠左右究以不得矣迨此更張數日滯務亦非

細故君臣之間貴相知心予今以實答之卿其卽起視務

以體予勤孜之苦衷焉仍　傳曰此批答遣史官傳諭○

外務衙門協辦金嘉鎭上疏大槩敢陳危蹙之私冀蒙斥

退之　恩事○答學務衙門大臣朴定陽疏曰省疏具悉

此非如是引義之時卿其勿辭行公○答宮內府協辦金

宗漢疏曰省疏具悉此非如是引義之時卿其勿辭行公
○答宗正卿李埈鎔疏曰省疏具悉所請依施○答外務
衙門協辦金嘉鎭疏曰省疏具悉此非如是引義之時卿
其勿辭行公○傳曰日本報聘大使義和君特爲前往以
敦友睦之■○軍務衙門摠禦騎士將李敏輿李弼榮○
宗伯府　宗廟　景慕宮薦新物種陪進無人從玆以後
令各其本　廟　宮官員依例陪進事○義禁司申學休
係是贓賄流配不付功減以入事
初六日
謝恩摠禦別將任原鎬千摠李宗鎬○下直陽智縣監朴

敎陽○奉常主事金東薰粢盛各穀監穫事東耤田出去
○經理使安駉壽上疏大槩敢陳難冒之義冀蒙必遞之
恩事○壯衛使趙羲淵上疏大槩敢陳危蹙之悃乞　賜
斥退之　恩事○江華■守金允植上疏大槩敢陳惶蹙
之忱乞被　威罰事

官 報 開國五百三年九月初六日

黃海監司書目■山縣監金雲培初不呈由佩符擅發爲

先罷黜其罪狀令攸司 稟處事○議政府同知中樞院

事沈寅澤僉知中樞院事李晳鎬禹冀鼎○答壯衛使趙

羲淵疏曰省疏具悉此非引義之時卿其勿辭行公○答

經理使安駉壽疏曰省疏具悉此非引義之時卿其勿辭

行公○答外務大臣金允植疏曰省疏具悉此非如是引

義之時卿其勿辭行公○傳曰警務使上來間摠禦使仍

爲兼察○承宣院 啓曰權差記注金東薰東耤田監刈

事出去矣其代承文院副正字洪顯哲權差何如 傳曰

允○又 啓曰新差下右副承宣許■在外上來事 下

諭何如 傳曰許遞內務叅議鄭萬朝差下○左承宣鄭

萬朝右承宣趙秉翊左副承宣張錫裕右副承宣徐丙善

○傳曰農商協辦成岐運特派駐箚日本全權大臣使之

前往東京妥辦使事○法務衙門金基泓疏辭査奏事

命下矣屢回查問一是抵賴刑推得情何如 啓依 允

初七日

謝恩法務衙門叅議朴始淳右副承宣徐丙善典書官南

敎熙壯衛營副領官李斗璜摠禦營騎士將李弼榮李敏

興薪島僉使洪鳳觀釜山港監理秦尚彦出去○總理大

臣金弘集上疏大槩荐控血懇冀蒙　矜諒事○知宗正府事李■永上疏大槩荐控難强之實冀蒙　矜諒之恩事

官 報 開國五百三年九月初七日

慶尙監司書目義興前縣監蔡慶默莅官未滿週歲虐政非止一再似此貪饕無憚之入若以已遞而勿論則墨倅無以懲戢蚩氓莫可支保其罪狀令該衙門 稟處事○又書目陜川郡守閔致純三載莅官一事貪婪似此恣行不法之人苟或因循掩置則貪墨之倅無以懲警橫罹之民莫可奠保爲先罷黜其罪狀令該衙門 稟處事○答都憲李■永疏曰省疏具悉實病旣如此所請依施○傳曰都憲有闕之代前都憲趙漢國還差○內務衙門昌平縣監鄭雲鶴身病改差○工務衙門長水察訪劉漢翼居山察訪李秉膺保安察訪李明鎬金泉察訪崔雄俱以身

病改差○答總理大臣金弘集疏曰省疏具悉卿懇日昨批旨又暴衷曲巽章奚爲而再至以卿斷斷一念只知有國不知有家非特予一人所知抑亦朝野所見諒今因無根之謊說有此過擧是豈所望於老成之地乎愼節非不奉慮堂堂廊廟幾日滯務亦不可使聞於他人幸卽幡然改圖以體予意焉仍 傳曰此批答遣史官傳諭○傳曰以諭以批洞悉無餘卿乃一向浼浼卿試思之今日國勢尙忍言哉此定君臣上下臥薪嘗膽之會子之依毗朝野之維持寔係乎卿卿之平日所自許者亦在乎斷斷忠愛不擇夷險直前擔夯已耳今以橫逼之誣看作引退之義雖在平常無事之時以卿弘量固當談笑而鎭之今此過

舉非予素望幾日滯務大關民國言念及此寢食靡甘予
不多誥卿庶有諒事遣左承宣傳諭于經理大臣○軍務
衙門總禦營兵房落點李裕寅李熙斌仁■挾與哨官具
然治○義禁司■山縣監金雲培旣云上京拿囚事○農
商衙門本衙門主事任昌宰金益夏南廷懿徐相鵬金禹
熙南定熙鄭元燮嚴台永李寅燮尹鴻漸尹瀅錫金萬興
金後相徐龍植朴弘錫劉泰衡○工務衙門長水察訪徐恆
輔居山察訪馬冀龍保安察訪安奎大金泉察訪朴宜鉉
初八日
謝恩宮內府主事劉鎭容慶興監理書記官金光鍊○下
直咸從府使李駿鎬昌樂察訪金瀅根

官　報　　開國五百三年九月初八日

謝恩左承宣鄭萬朝○下直慶尙右兵使李恆儀○傳曰

飭已施矣前警務使李允用分揀○承宣院　啓曰權差

記注洪顯哲在外代承文院副正字趙性載權差何如

傳曰允○左承宣鄭萬朝書　啓臣於本月初七日三更

量敬奉　聖諭馳往傳　諭于總理大臣金弘集所住處

則以爲臣以情以病實無可强之道冒悚申편籲仰冀體恤

前後　批旨愈往摯臣方徊徨抑■罔知攸爲繼又邇

臣辱臨伏奉　別諭下者首尾百三十九言諄複懇惻字

字銘鏤臣非木石寧不知感從古負罪如臣而受　恩又

如臣者果有幾人乎哉乃以幾日滯務至有寢食靡甘之

敎聞　命震懍直欲鑽地以入而不可得也臣情到此窮

且迫矣義分所在更何他顧而第臣病尙苦少竢日間可

以自力則冒沒彈束以爲趨承之地云矣敢　啓　答曰

知道○宮內府奉常主事鄭道淳○謝恩右承宣趙秉翊

○宮內府叅議有闕之代左承宣鄭萬朝差下○義禁司

義興前縣監蔡慶默令該道臣派員押送事○內務衙門

主事安奎大外任代幼學吳斗煥　啓下○法務衙門

啓目前守門將金基泓照律何如　啓依　允○傳曰在

外法務大臣許遞右贊成洪鍾軒差下

初九日

謝恩度支衙門主事魚允迪農商衙門主事徐龍植劉泰

衡外務衙門主事鄭衡澤

官 報　開國五百三年九月初九日

昨日謝恩宮內府叅議鄭萬朝○侍講院弼善李著宰說書李重五在外並乘馹上來事　下諭何如　傳曰允○壯衛營兵落點徐廷圭李啓興許璥○傳曰承宣有闕之代僉中樞朴暾陽差下○左承宣趙秉翊右承宣張錫裕左副承宣徐丙善右副承宣朴暾陽○傳曰實病在外侍講侍讀許遞前校理申政均朴慶陽差下○傳曰此時除拜宜亟趨走或在京而稱在外或無故而稱病國網臣分寧容若是令承宣院査奏○議政府知中樞院事李容元李允用同知中樞院事閔正植僉知中樞院事尹起元○謝恩左承宣趙秉翊○法務衙門金基泓照律罪杖一百

奪告身陽德縣流三千里定配何如　啓不必流配免爲庶人○軍務衙門沁營哨官金奎天○議政府因軍務衙門牒呈慶州營將鄭弘基內移代前府使金啓行差下○又草記大邱前判官申學休旣已勘處矣所犯贓錢令法務衙門不日徵捧下送該道監營使之還給諸民事○又草記即伏見忠淸監司朴齊純狀本　啓下者則魯城縣軍器既已推入民情亦皆願■該縣監仍任一■令廟堂稟處爲辭矣前　啓請罷寔存事體而衆民惜去可驗治績魯城縣監金靖圭特令載罪擧行俾責來效何如　傳曰允○又草記即見廳尙監司趙秉鎬電報則匪徒幾百名將入星州吏民合力防守之際該倅乘夜潛避竟至失

守云矣近日土匪刦掠在在爲患而豈料肆然犯邑有此
無前之變乎萬萬驚駭寧欲無言職在守土固宜以身先
之乃反臨難苟避以致衆心渙散而不能守罪不容貸星
州牧使吳錫泳爲先罷黜亟令　王府拿問嚴勘其代以
僉知中樞院事趙翼顯差下當日給馬下送仍令該道臣
另飭梱鎭剋日調兵勦捕先斬其渠魁形止登　聞事三
懸鈴知委荷如　傳曰允○又草記內務衙門叅議鄭萬
朝移拜代呂圭亨差下
初十日
謝恩都憲趙漢國內務衙門主事吳斗煥農商衙門主事
朴弘錫警務主事李龍漢保安察訪安奎大長水察訪徐

恆輔○下直狼川縣監兪鎭萬

官 報 開國五百三年九月初十日

謝恩典籍學務主事金炳翕左副承宣朴暾陽○藥房日
次問 安 答曰知道 王大妃殿氣候一樣 中宮殿
氣候安順卿等不必入侍矣○議政府同知中樞院事尹
雄烈中樞院員外郎朴經遠趙寧九○議政府卽接箕伯
電報則庶尹身死中軍在逃云庶尹以龍岡縣令李遇永
移差以便速赴中軍李希■汰去令 王府拿問定罪其
代依道臣自辟前僉使柳冀完差下當日給馬下送何如
傳曰允○又草記南梱有缺矣前兵使李容翊勞績久著
民有去思特爲還差催促不日下送何如 傳曰允○又
草記內務衙門叅議申炳休病遞代中樞院員外郎李胤

鍾陞三品差下○又草記慶尙中軍之代前僉使朴恆來
自辟 啓下○又草記農商衙門叅議僉知中樞院事宋
彦會姜友馨差下中樞院員外郎趙寧九鄭日賓陞三品
差下主事中樞院員外郎金奎行前敎官洪承胤金炳日
前副正柳沂秀前主事孫鵬九朴致雲前司果金永詩慶
必永李慶民金輔炯前監察咸洛基差下○又草記昨日
議案以匪徒至犯畿甸竹山安城並令遞改另擇幹器人
差出帶兵前赴事 啓下矣竹山府使壯衛營領官李斗
璜安城郡守經理廳領官成夏泳差下各率所領兵丁不
日下送相機勦捕事○又草記因軍務衙門牒報全州營
將梁弼煥內移代前縣監南宮濮差下○又草記連接箕

伯電報則肅川棄印逃去寧邊安州成川祥原江東及兵
虞候並空官云關西有事之時許多守宰罔念官守無難
擅離至有棄印逃去者法紀所在萬萬駭惋肅川府使中
德均寧邊前前府使任大準安州牧使金奎升成川府使
沈相]萬祥原郡守李國應江東縣監閔泳純兵虞候金信
默並爲先罷黜其擅離逃去之狀令道臣詳查登　聞以
爲依律勘斷之地何如　傳曰允○又草記榮川郡守洪
用觀以前任永川時致擾犯贓事方在俟勘中矣榮川之
屢朔曠官極爲可■爲先罷黜以爲差代速赴之地何如
傳曰允○傳曰前■■李範翊鄭寅杓並侍講差下前校
理李容九尹相燮並侍讀差下○統衛營搶劒哨官李敏

興改差代出身李相駿差下軍司馬李範仁改差代中樞
院員外郎金鎭達差下○法務衙門罪人金基泓謹依
傳敎免爲庶人放送○義禁司星州牧使吳錫泳令該道
臣派員押上事○軍務衙門主事林炳吉遷轉代幼學鄭
基鳳　啓下○摠禦營兵房李裕寅改差代落點李啓興申
宅熙尹泳奎○農商衙門主事未差代幼學朴悰善　啓
下○宮內府　孝昌園令落點李承一李哲永曹斗煥
十一日
謝恩壯衛營兵房徐廷圭農商主事尹瀅錫尹鴻漸金益
夏南廷懿南定熙金泉察訪朴宜鉉奉常主事鄭道淳法
務大臣洪鍾軒南兵使李容翊○下直薪島僉使洪鳳觀

官　報　開國五百三年九月十一日

今初九日議案　一近日匪徒猖獗至犯畿甸此時地方
官之曠職極爲可悶竫令廟堂並催促下送至於竹山安
城兩邑係是匪徒大股匯注處則尤不可暫曠並令遞改
請自政府另擇有幹器人差出使之帶兵前赴務行勦捕
事　一羅州淳昌洪州安義四邑守宰當匪類猖獗之際
或奮身勦討或設法防堵一境免受汚染列邑依以爲重
凡附近各邑匪徒勦撫之方專委該倅便宜行事之意請
令廟堂稟　旨分付事　一電信近不通報請由工務衙
門另籌辦法線路之斷者派員繕補打報人員改稱司事
由該衙門依奏判任例酌給月銀刻期開局務行通信事

一前濬川司應行各節並令漢城府專管事○議政府
安州牧使白性基長城府使宋寅玉成川府使李秀萬肅
川府使權瀠鎭陜川郡守李顯■榮川郡守朴容斌古阜
郡守梁弼煥祥原郡守申柏昌平縣令李範學三嘉縣監
金泳圭新寧縣監權載紀扶安縣監尹始永高敞縣監金
星圭井邑縣監李用■■山縣監卞鍾獻江東縣監尹兢
周龍岡縣令李鍾弼多大僉使朴世赫右贊成落點李容元
李淳翼趙慶鎬○又　啓曰卽伏見廉察使嚴世永狀本
啓下者枚擧二邑守一鎭將優異之績仰請褒奬矣興陽
縣監曹始永減需賙飢民受實惠似合施以錫馬之典礪
山府使柳濟寬抄砲守隘賊無入境順天營將吳普泳盜

皆屛跡闔境無㢢並許用邊地履歷至其論靈光前郡守
閔泳壽罪目以並有道　啓而未蒙　處分爲辭此倅事
査　啓已經攸司　稟處而于今四五朔尙不就勘有關
法紀亟令法務衙門拿來以此添問目嚴勘何如　傳曰
允○又　啓曰因慶尙監司趙秉鎬狀　啓陝川郡守閔
致純義興前縣監蔡慶默徵贓一■令廟堂　稟處事
啓下矣以懲貪一事前後飭教何等截嚴而近日嶺南守
宰之犯贓連登論　啓國網到此寧欲無言上項兩邑倅
待勘處令法務衙門捉囚家僮並爲不日徵捧下送該道
監營使之分給諸民事　分付何如　傳曰允○農商衙
門協辦成岐運上疏大槩敢陳實病難强之狀冀蒙使銜

變通之　恩事○宮內府太僕內寺旣合屬於外寺矣宗
伯府移設於太僕內寺事○扈衛廳左右別將未差代鐵
原府使洪啓薰差下○義和君堈箚子大槩敢陳衷懇乞
解兼務事　答曰省箚具悉■懇所辭兼務不必並解■
其勿辭往役焉仍　傳曰此批答遣史官傳諭○謝恩侍
講李範翊鄭寅杓侍讀尹相燮安城郡守成夏泳○壯衛
營左叅領官洪埶改差代隊官吳建泳右叅領官李匡夏
改差代隊官元世祿並陞三品差下○義禁司平壤中軍
李希■令該道臣泒員押上事○經筵廳侍讀李容九在
外請上來事　下諭　傳曰許遞○內務衙門鳳山郡守
姜潤身病改差

十二日

謝恩農商衙門叅議鄭日賓主事朴悰善金輔烱金奎行
嚴台永金永詩慶必永統衛軍司馬金鎭達摠禦兵房李
啓興　孝昌園令李承一星州牧使趙翼顯竹山府使李
斗璜平壤中軍柳冀完居山察訪馬冀龍副率洪鍾韶○
下直沙斤察訪崔灝明靑巖察訪徐性浩○都憲趙漢國
上疏大槩敢陳必辭之義冀蒙　恩諒事

官　報　開國五百三年九月十二日

今十一日議案　一議會爲議事部政府爲行政部兩相對峙不可混淆此乃萬國通例也軍國機務處之隷屬于議政府殊屬不成事體今宜將機務處改立章程專一事權務使與政府相上下事　一勅任官差出時由議政府薦望取　旨原屬公擧愼重之意故已有授任式蒙　允者而近日各衙門大臣協辦及議政府都憲之差下多不由薦望宜亟恢　聖聰務使　啓下案件有實踐之效事　一承宣院爲政令出納之所不當隷屬于　宮內府宜移屬于議政府以專行政事　一七月初八日　啓下議案中載有大小罪人非司法官裁定毋得勒加罪罰一條

再於警務廳官制職掌中亦載查拿罪犯分別輕重移送法司聽判等文而近日犯罪者之被繫于警務廳者或不由法司裁判逕行處斷其非所以重人命愼刑罰之道也自今重罪結案非經法司公判不許遽害生命務使　啓下案件有實施之效事　一花島鎭原自京營爲察海防而設也該地旣屬通商口岸設有監理警務官則鎭將之仍置實屬無謂宜卽革罷地叚與人口還屬該地方官所有費項米一千五百石租八十石銀一千二百圓令度支衙門詳查帳簿更勿支撥公廨公物令壯衛營收管事○議政府　啓曰卽見黃海監司鄭顯奭狀　啓謄報則瑞興府使洪鍾奭被拘於日陣吏民逃散云雖未知本事之

緣何致此而貽羞極矣不可仍置爲先罷黜令道臣其委
折更查登 聞事又 啓曰卽伏見兩湖宣撫使鄭敬源
狀本 啓下者則忠州前牧使內移之後民不欲捨呼號
願■苟非此倅則匪徒莫可諭戢一邑將至渙散云其平
日實績之見孚於民可以推知前忠州牧使閔泳綺特爲
仍任事 傳曰允又 啓曰本府主事李重斗李建初改
差代進士金澤榮尹致旿 啓下又 啓曰軍務衙門主
事趙信和曾經察訪矣奏任陞差事又 啓曰因黃海監
司鄭顯奭狀報前中軍李敏祚戢盜有方撫民安堵今當
遞任羣情惜去特爲仍任俾責成效事○京畿監司書目
坡州等邑今月初八日夜霜降事○下直平安中軍柳冀

完星州牧使趙翼顯○義和君報聘大使出去○答都憲
趙漢國疏曰省疏具悉卿其勿辭行公○內務衙門仁川
府使金商悳茂朱府使趙性憙安山郡守申■庇仁縣監
申泰兢俱以身病改差○宗伯府來十月初四日行
宗廟冬享大祭 親行時省牲省器之節依例以 親臨
磨鍊事 傳曰 親臨磨鍊又 啓曰來十月初四日行
宗廟冬享大祭 親行時 永寧殿依例遣大臣攝行事
傳曰允○傳曰左副承宣許遞前副護軍李敏恆差下○
左副承宣朴暾陽右副承宣李敏恆○以全羅監司 啓
本罪人閔應植康津古今島到配事 傳曰放逐鄕里○
議政府判中樞院事姜潤○議政府 啓曰聞箕伯莅任

已久印符尚未傳受不得修　啓云當此邊報■午之時
文牒停擱不成事體平安監司印信令該衙門不日鑄送
兵符令該道臣另加搜探覓得與否消詳報來後更爲
稟處何如　傳曰允○警務廳巡檢現爲把守　宮城諸
門而警察審愼之道當有番直處所使之輪回直守不可
一時疎曠故以光化門建春門神武門迎秋門四處守門
將廳爲該巡檢把守直所事
十三日
謝恩　宣陵叅奉李龍世農商衙門主事李慶民柳沂秀
朴致雲壯衛叅領官吳建泳元世祿龍岡縣令李鍾弼新
寧縣監權載紀安州牧使白性基議政府主事尹致昨井

邑縣監李用■祥原郡守申柏榮川郡守朴容斌■山縣
監卞鍾獻○下直南兵使李容翊安城郡守成夏泳金泉
察訪朴宜鉉○總理大臣金弘集箚子大槩猥控衷實乞
賜變通事○工務衙門協辦李道宰上疏大槩荐控難冒
之義冀蒙必遞之　恩事

官 報 開國五百三年九月十三日

議政府僉知中樞院事徐丙善○水原■守書日本府判
官沈能弼性本昏庸政多做錯人命旣至殺傷贓錢若是
綻露爲先罷黜其罪狀令攸司 稟處事○議政府農商
衙門叅議未差代前承宣徐丙善差下○慶尙監司上疏
上送事 啓 答曰省疏具悉此時此任何可輕遞卿其
勿辭益勉旬宣之責○答總理大臣金弘集箚曰省箚具
悉卿懇議事行政均係廊廟事業卿之斷斷苦衷休休偉
量予所深知而欽歎者也迨此艱棘之會扶顚持危捨卿
而誰所辭總裁之銜萬難奉副卿其諒之仍 傳曰此批
答遣史官傳諭○答工務協辦李道宰疏曰省疏具悉此

非如是煩瀆之時卿其勿辭行公○義禁司靈光前郡守
閔泳壽令該道臣派員押上事○內務衙門蔚山府使韓
應周江東縣監尹兢周俱以身病改差○承宣院 啓曰
新 除授右副承宣李敏恆在外上來 下諭事 傳曰
許遞前副護軍趙國顯差下○謝恩弼善李著宰○傳曰
傳 香承宣馳 詣受 香諸處奉審摘奸以來○宮內
府 社稷令落點金轍鉉鄭喆朝李秉穆 永禧殿令落點李
在浩丁大■朴夏鎭
十四日
謝恩農商衙門叅議宋彦會趙寧九主事孫鵬九徐相鵬
軍務衙門主事趙信和長城府使宋寅玉昌平縣令李

範學順天營將李豊熙○下直保安察訪安奎大高山

察訪鄭冕鎭○敦寧主事金益慶　御牒譜冊曝曬事

北漢山城出去○都憲趙漢國上疏大槩荐控實病難

强之狀冀蒙　矜諒之　恩事

官 報 開國五百三年九月十四日

宗伯府來十月初四日行 宗廟冬享大祭 親臨牲省器時 王世子陪祭之節依例磨鍊事 傳曰依例磨鍊○軍務衙門摠禦營別將李秉勳騎士將金炳堯把摠許瑭○經理廳管城將李秉輝汰去代前縣監任百圭差下事○答都憲趙漢國疏曰省疏具悉何如是煩瀆卿其勿辭行公○義禁司李範善自現就囚○議政府因軍務衙門牒報慶尙左兵虞候尹炳圭改差代軍務緊急不可遲待望報司果林相宣特爲差下○經理廳竹山府使壯衛營領官李斗璜安城郡守經理廳領官成夏泳差下各率所領兵丁不日下送事 允下矣臣營隊官二員敎長

四員兵丁二隊當日調發令安城郡守成夏泳帶領前赴事○外務衙門慶興商務尙未興旺而監理署屬員冗設太多無以支放幇辦掌簿及書記官金鴻翼並姑減下只存書記官二員繙繹官一員使之分治署務事○統衛營隊官元稷汰去代權付隊官洪眞吉陞實○議政府仁川府使鄭寅燮蔚山府使安鍾悳茂朱府使尹泌求鐵原府使李應烈瑞興府使洪岐周鳳山郡守李敏■水原判官李載覲庇仁縣監徐相元江東縣監徐相洛僉知中樞院事李敏恆○軍務衙門宣傳官李起豐趙秀顯李敏重俱以身病改差事 傳曰並陞六前宣傳官徐慶錫一體陞六○議政府按撫使閔種默行將箇滿矣此道臣按藩以

來實心施措勞來不怠其績可記有不容遞遞姑令限麥
秋仍任俾責終效事○壯衛營兵房徐廷圭改差代落點尹
雄烈具然泓任衡準○今初八日義禁司陜川郡守閔致
純令該道臣派員押上事○法務衙門主事金永運上疏
大槩敢陳蒭蕘之說冀蒙採納之　恩事○承宣院權差
記注趙性載身病改差副正字趙漢元權差○壯衛營隊
官吳建泳陞差代閑良朴泳祜差下
十五日
謝恩　永禧殿令李在浩農商衙門叅議徐丙善主事金
禹熙咸洛基學務衙門主事典籍鄭海季庇仁縣監徐相
元多大僉使朴世赫○下直新寧縣監權載紀榮川郡守

朴容斌龍岡縣令李鍾弼長水察訪徐恆輔井邑縣監李
用■總理大臣金弘集箚子大槩冒悚荐籲冀蒙　矜
諒事○前副司果呂圭亨上疏大槩舊愆方訟新　除遞
除敢陳惶蹙之私乞被未盡勘之律事

官 報 開國五百三年九月十五日

藥房日次問 安 答曰知道 王大妃殿氣候一樣
中宮殿氣候安順卿等不必入侍矣○謝恩右副承宣趙
國顯○宮內府 宗廟令落點李範軾申鉉玉權鍾哲○議
政府 啓曰卽見慶尙監司趙秉鎬捄弊諸條 啓本則
一道內還摠中積逋之十一邑驛蕩逋歸結統營還弊
通同矯革事也一陳結一萬一千七百三結永頉事也
一結價之錢納駄價從約裁定情雜費勿施事也 一
進上及 箋文納上時情費亦歸戶歛情費禁斷事也
一被災五十餘邑公納無論新舊限明秋停退而兩湖稅
米幾萬石爲先移轉事也 一各驛之司僕補把馬貫錢

減數定式工曹簑衣偃赤蠲革事也一轉運所所捧以代
代錢收捧則駄運之費及諸般爲弊變通事也 一沿海
各邑漁醢船稅從實査正事也 一南營兵額支放不足
條以某樣公錢劃付事也 一道內民擾職由於科外徵
排上項諸瘼次第矯革事並令廟堂 稟處爲辭矣 嶠
南一省荐被歉荒民命阽危百弊日滋全省繹騷接濟奠
安之策宜加十分講究際玆道臣撫使相繼陳請合行矯
釐而軍還結卽有國大政事係更張尤宜難愼臣會同計
臣爛加商確謹具別單以入待 啓下行會令道臣撫使
協議停當認眞辦理使實惠下究何如 傳曰允○又 啓
曰卽見嶺南宣撫使李重夏狀本 啓下者則東徒四五

千名來犯醴泉郡該郡吏民齊力擊退夥數斬獲餘皆逃
散仍爲乘勢逐捕燒毁其境內巢穴爲辭矣匪徒寔繁猖
獗日甚守宰莫能禁制平民無以支保而該吏民之能協
心禁暴極爲嘉尙其必有首先出謀奮身猖率之人令該
道臣詳查錄名報來以爲收用激勸之道何如　傳曰允
○答總理大臣金弘集箚曰省箚具悉卿懇昨批已悉予
意矣論道經邦非三公之職乎論道卽議事也經邦卽行
政也此是周官古制卿何獨爲嫌方欲藉卿雅望鎭定淆
俗卿宜一力擔負弘濟時艱今此巽章之再至寔非予平
日所望於卿者也卿無困我卽起赴會以安予心以幸國
事焉仍　傳曰此批答遣史官傳諭○京畿監司書目春

川■守李奎奭今월十五日卒逝事○議政府　啓曰卽
見水原■守趙秉稷狀本　啓下者則該府判官沈能弼
卽已罷黜而臚列犯贓數旣不少矣待該判官勘處令法
務衙門捉囚家僮贓錢三萬八千二十兩不日徵捧下送
該府還給諸民事分付何如　傳曰允○昨日軍務衙門
草記中宣傳官趙邦顯陞六○議政府同知中樞院事徐
廷圭○內務衙門安州牧使白性基身病改差○義禁司
啓目前梁山郡守李範善照律何如　啓依　允
十六日
謝恩法務衙門主事吳容默摠禦營別將李秉勳江東縣
監徐相洛仁川府使鄭寅燮○下直長城府使宋寅玉祥

原郡守申柏昌平縣令李範學○敦寧主事金益慶 御
牒譜冊曝曬後入來